托育-保育类专业教材："岗课赛证融通"系列

保育师口语与沟通

BAO YU SHI KOU YU YU GOU TONG

主　编：周劼
副主编：牟燕　何静

北京师范大学出版社

图书在版编目（CIP）数据

保育师口语与沟通/周劼主编.-- 北京：北京师范大学出版社，2024.10

ISBN 978-7-303-29567-8

Ⅰ.①保… Ⅱ.①周… Ⅲ.①普通话—口语–中等专业学校—教材 Ⅳ.①H193.2

中国国家版本馆 CIP 数据核字（2023）第 218326 号

BAOYUSHI KOUYU YU GOUTONG

出版发行：北京师范大学出版社 https://www.bnupg.com
北京市西城区新街口外大街 12-3 号
邮政编码：100088

| 印　　刷：天津旭非印刷有限公司
| 经　　销：全国新华书店
| 开　　本：889 mm×1194 mm　1/16
| 印　　张：15.5
| 字　　数：320千字
| 版　　次：2024年10月第1版
| 印　　次：2024年10月第1次印刷
| 定　　价：44.80元

策划编辑：姚贵平　　　　　　　　责任编辑：李锋娟
美术编辑：焦　丽　　　　　　　　装帧设计：焦　丽
责任校对：宋　星　　　　　　　　责任印制：陈　涛

版权所有 侵权必究

读者服务电话：010-58806806
如发现印装质量问题，影响阅读，请联系印制管理部：010-58805079

  本教材依据《职业教育专业简介（2022年修订）》中的幼儿保育专业简介，以及人力资源和社会保障部《保育师国家职业技能标准（2021年版）》等文件的要求，结合保育师实际岗位需求编写而成。编写团队由省级教研机构研究人员和高职、中职、幼儿园一线教师组成，具有丰富的教学实践经验和教材编写经验。

  本教材以"做中学"为设计理念，主要以提高幼儿保育专业学生的职业素养与职业口语技能为目标，以典型的职业情景活动为载体进行编写，力求理实一体，具有专业性、针对性、实用性、可操作性。

  本教材以职业教育模块化的课程结构以及语言学习的规律来设计框架，共72课时，由保育师口语基础、保育师口语表达、保育师口语交流三个模块构成。模块一主要是保育师口语基础的学习，包括保育师口语基本知识以及口语表达基础技能等。模块二选取了保育师常用的单向职业口语表达内容进行学习。模块三根据保育师口语沟通能力设置了倾听、谈话等内容，让学生掌握保育师常用的双向口语表达技能。

  本教材的主要特色有以下几点：

  一是融入"课程思政"理念。本教材坚持以习近平新时代中国特色社会主义思想为指导，以"立德树人"为核心要义，有机融入党的二十大精神，构建了在课程目标引领下的学习目标及项目目标、思政目标体系，并巧妙地将思政点融入各案例和活动中，时时浸润学生心灵。

  二是融入"三教"改革理念。本教材以学习者为中心，设计了"学习笔记""想一想"等，增强了互动性；多元实训活动的设计为教师实施教学活动提供了切实可行、丰富的教学方法，让"三教"改革"看得见""行得顺"。

  三是教材体例有创新。本教材遵循学生的学习规律，按照"以生为本"理念设计教材体例。首先，以情境描述提出学习问题，在学习目标引领下进行学习探索；其次，通过学习驿站、实训活动、巩固练习、学习评价等环节，力求使学生在"感""知""行""评"中，积累保育师口语感知经验和表达经验；最后，通过拓展提升从深度和广度上提升学生口语技能与综合素养。

四是配套资源有创新。本教材配套资源主要是音频、视频，大部分示范音频由编者自己录制；编者还把教材中的重点或难点内容做成了微课，以增加学习的便利性。

本教材不仅能作为幼儿保育专业的教材，还能作为保育师行业培训的辅导用书。本教材建议 72 课时学完，具体课时安排建议如下。

模块名称	课时安排	项目名称	课时安排
模块一　保育师口语基础	36	项目1　认识保育师口语	4
		项目2　普通话声调的辨正	4
		项目3　普通话声母的辨正	8
		项目4　普通话韵母的辨正	8
		项目5　语音发声技巧	4
		项目6　口语表达基本技巧	4
		项目7　口语表达辅助技巧	4
模块二　保育师口语表达	18	项目8　讲　述	6
		项目9　介　绍	4
		项目10　激　励	2
		项目11　批　评	2
		项目12　赞　赏	2
		项目13　引　导	2
模块三　保育师口语交流	18	项目14　倾　听	4
		项目15　谈　话	6
		项目16　讨　论	4
		项目17　对　话	4

本教材由重庆市教育科学研究院周劼任主编，重庆市幼儿师范专科学校牟燕、重庆市女子职业高级中学何静任副主编。具体编写分工为：项目1、项目16、项目17由张盼（重庆市渝中区人和街小学附属幼儿园）、周劼编写，项目2、项目3由何静编写，项目4由何静、周劼编写，项目5、项目6、项目7由周劼编写，项目8由林俊（重庆市渝中职业教育中心）编写，项目9、项目10由魏霞（重庆市江津区双福双庆幼儿园）、唐敏（重庆市江津区鼎山幼儿园）编写，项目11、项目12由赵雄彬（重庆市合川区教师进修学院）编写，项目13由牟燕、林爱枝（重庆市立信职业教育中心）编写，项目14、项目15由牟燕编写。

鉴于编者的水平，不足之处在所难免，敬请大家在使用过程中提出宝贵意见，以便本教材再版时修订。本教材在编写过程中参考、引用和借鉴了一些著作、论文等参考资料，从中吸取了很多有益的学术成果，在此向作者致以诚挚的谢意。由于时间和条件的关系，未能联系上部分资料的作者，请原作者与我们联系（发邮件至 yaoguiping@126.com）。

编　者

模块一 　保育师口语基础……1

项目1 　认识保育师口语……2
一、保育师口语的特点……3
二、保育师口语的原则……5
三、保育师口语的分类……7
四、保育师口语的禁忌……10

项目2 　普通话声调的辨正……16
一、声调的辨正……18
二、特殊情况声调的辨正……20

项目3 　普通话声母的辨正……31
一、z、c、s 与 zh、ch、sh、r 的辨正……32
二、n 与 l 的辨正……34
三、j、q、x 与 z、c、s 的辨正……35
四、h 与 f 的辨正……36
五、零声母"啊"的音变……36

项目4 　普通话韵母的辨正……50
一、单韵母与单韵母的辨正……52
二、单韵母与复韵母的辨正……53
三、复韵母与复韵母的辨正……54
四、鼻韵母与鼻韵母的辨正……55
五、儿化……57

项目5 　语音发声技巧……73
一、呼吸技巧……74
二、共鸣技巧……75
三、拟声技巧……76
四、护嗓技巧……77

项目6 　口语表达基本技巧……93
一、重音技巧……94

二、停连技巧……95
　　三、语速技巧……96
　　四、语调技巧……98

项目 7　口语表达辅助技巧……113
　　一、面部表情……114
　　二、头部运动……115
　　三、身体运动……115

模块二　保育师口语表达……122

项目 8　讲　述……123
　　一、讲述的类型……124
　　二、讲述的方法……124
　　三、讲述的步骤……129

项目 9　介　绍……135
　　一、介绍的类型……136
　　二、介绍的基本要求……138

项目 10　激　励……145
　　一、激励语的使用要求……146
　　二、激励语的使用技巧……148

项目 11　批　评……155
　　一、对批评的理解……156
　　二、批评的类型……156
　　三、批评的运用要领……158
　　四、批评的运用流程……159

项目 12　赞　赏……166
　　一、赞赏的教育作用……167
　　二、赞赏的类型……167
　　三、赞赏的运用要领……168

项目 13　引　导……175
　　一、引导语的类型……176
　　二、引导语的要求……178

模块三　保育师口语交流……182

项目14　倾　听……183
　　一、倾听的基本特征……185
　　二、倾听的分类……186
　　三、倾听的技巧……187
　　四、倾听的基本要求……189

项目15　谈　话……195
　　一、谈话的基本特征……196
　　二、谈话的分类及方法……197
　　三、谈话的技巧……201

项目16　讨　论……208
　　一、专题式讨论……209
　　二、随机式讨论……212

项目17　对　话……220
　　一、对话的类型……221
　　二、对话环境的营造……223
　　三、展开对话的要领……225
　　四、不同对象的对话要领……227

参考文献……234

模块一

保育师口语基础

职业口语是每一位职业人必须具备的职业能力。本模块三要包括对保育师口语内涵的介绍和工作用语的语音标准、语言表达基本技能的学习。通过学习，理解保育师口语与婴幼儿发展之间的关系，明确保育师口语学习的重要性；消除发音的困惑，掌握口语表达技巧，为后续保育师口语交流打下坚实基础。

学习导航

模块一　保育师口语基础

- 项目1　认识保育师口语
  - 一、保育师口语的特点
  - 二、保育师口语的原则
  - 三、保育师口语的分类
  - 四、保育师口语的禁忌

- 项目2　普通话声调的辨正
  - 一、声调的辨正
  - 二、特殊情况声调的辨正

- 项目3　普通话声母的辨正
  - 一、z、c、s 与 zh、ch、sh、r 的辨正
  - 二、n 与 l 的辨正
  - 三、j、q、x 与 z、c、s 的辨正
  - 四、h 与 f 的辨正
  - 五、零声母"啊"的音变

- 项目4　普通话韵母的辨正
  - 一、单韵母与单韵母的辨正
  - 二、单韵母与复韵母的辨正
  - 三、复韵母与复韵母的辨正
  - 四、鼻韵母与鼻韵母的辨正
  - 五、儿化

- 项目5　语音发声技巧
  - 一、呼吸技巧
  - 二、共鸣技巧
  - 三、拟声技巧
  - 四、护嗓技巧

- 项目6　口语表达基本技巧
  - 一、重音技巧
  - 二、停连技巧
  - 三、语速技巧
  - 四、语调技巧

- 项目7　口语表达辅助技巧
  - 一、面部表情
  - 二、头部运动
  - 三、身体运动

项目 1
认识保育师口语

情境描述

　　新学期开学了，负责小班保育工作的邓老师在学校门口与家长进行了简短的交流。六六妈妈对邓老师说："邓老师，六六这段时间肠胃不太好，在幼儿园如果身体不适，请联系我们。"邓老师说："好的，我会密切关注六六的身体情况。"可是六六却不愿意跟着邓老师进入教室，一直拉着妈妈的手不肯松开。这时，邓老师蹲下来温柔地对六六说："宝贝，幼儿园有好多好玩的玩具，邓老师带你去看看吧！"在邓老师的耐心安抚下，六六和老师一起进入了教室。

　　你知道什么是保育师口语吗？你认为活动中保育师所体现出来的职业口语有哪些呢？

学习目标

1. 了解保育师口语的内涵及特点。
2. 了解保育师口语的原则及分类。
3. 认识保育师口语学习的重要性，能关注婴幼儿的语言发展。

学习探索

请扫描二维码听音频，思考保育师口语有哪些特点。

学习驿站

保育师口语是保育师在从事保教活动中所使用的工作用语,是引导婴幼儿生活、学习的重要手段。

保育师口语不仅用于日常保教工作中,也用于与同事、家长的交流中,规范的保育师口语会对婴幼儿语言的发展起到积极的作用。

开口即美

一、保育师口语的特点

根据工作内容和工作对象,保育师口语的特点如下。

(一) 简约规范

婴幼儿处于语言发展的学习期,理解能力较弱,这就需要保育师在使用语言时避繁就简,尽量使用通俗易懂的词语、结构简单的语句,让婴幼儿容易理解。如在生活环节鼓励婴幼儿多喝水时,保育师说:"小朋友们一定要多喝水哟,多喝水可以补充身体需要的水分,就像汽车去加油站加油一样,加了油汽车才能发动,同样,水分在人体中充当的是运输养料以及代谢废物的角色,还参与许多代谢反应。"使用这样的专业术语,婴幼儿不容易理解,效果也就不尽如人意。如果这样说:"喝水就像给我们的身体加油,水少了就不能开远哟。"婴幼儿可能很快就理解了喝水的重要性。

0~6岁的婴幼儿正处于语言学习黄金期,他们的语言能力往往是通过对成人的观察和模仿习得的,因此,保育师的口语必须规范,潜移默化地影响婴幼儿,促进他们语言能力的发展。

口语的规范包括语音的规范和遣词造句的规范。保育师的语音应符合全国通用的普通话规范,做到发音标准清晰、表达准确、音量适中,杜绝在保教工作中使用方言,避免语句不通、用词不当的情况。总之,保育师应当熟练掌握普通话语音、词汇、语法方面的知识和技能,流畅、准确地使用普通话,为婴幼儿营造一个标准、规范的语言环境。

案例 ▶▶▶▶

吴老师是一名刚走上工作岗位的保育师,在一次早操活动时,她对孩子们说:"小朋友们,你们有一个动作没做对,应该是把手放在后面,先右脚出去,再左脚出去,身体不要动来动去,脚不能踢来踢去,要跟着音乐的节奏做动作。"当吴老师说完这些话以后,孩子们还是按照原来的动作进行练习,你们知道这是为什么吗?

解析：案例中的吴老师在纠正幼儿的动作时，语言冗长，表述比较复杂，违背了保育师口语应简单、规范的原则，甚至出现了前言不搭后语的现象，导致幼儿无法理解老师所表达的内容。

（二）注重差异

《3—6岁儿童学习与发展指南》指出"尊重幼儿发展的个体差异"。婴幼儿的智力发展、兴趣爱好、个性特点各异。面对这一多样性，保育师的角色显得尤为关键，他们需要运用恰当的语言进行有针对性的引导与照料。比如，小班幼儿年龄小、语言理解能力较弱，保育师应尽量使用简单易懂、语气夸张或者拟人化的语言进行引导。婴幼儿的性格不同，保育师使用的引导语言也就不同。比如，外向性格的婴幼儿愿意表达自己的想法，遇到问题容易冲动，这就需要保育师使用开门见山的方式直接与婴幼儿进行沟通与交流；而内向性格的婴幼儿自信心不足，比较敏感，这就需要保育师以鼓励、表扬的语言为主，增强他们的自信心。总之，保育师应该尊重婴幼儿的差异，以真诚和平等的态度与他们进行沟通。

案例 ▶▶▶▶

小班的张老师正在为小朋友们整理衣裤做离园准备，只见入园不久的新新还跑到区角玩，完全没有做离园准备的意愿。张老师对新新说："新新快来整理衣裤啦！"张老师叫了几遍，新新依然不理张老师。张老师就严肃地对新新说："你再不来，我就关灯放学了哟，一会儿妈妈来接就看不见新新了。"新新听到这样的话，立即跑向了张老师。

解析：新新刚入园，还未建立起基本的规则意识。张老师第一次对他的语言提醒，无法激起他的兴趣，因此他没有行动。但张老师改用"妈妈来接就看不见新新"这样的语言提醒，一下子就激发了新新的行动。张老师了解到新新对妈妈的依恋，并借助他们之间的情感来引导新新快速整理衣裤，这样的语言提醒是非常有效且科学的。

（三）充满童趣

婴幼儿的思维是直观形象的，容易为兴趣所左右。保育师应顺应婴幼儿的天性，以充满童趣的语言吸引他们的注意力，调动他们的积极性。如何才能让语言充满童趣呢？首先，保育师应从理论上了解各年龄段婴幼儿的心理特征和言语习惯，多听优秀的儿童故事、儿歌，多看富有童趣的纪录片、动画片、戏剧表演，多了解婴幼儿的兴趣爱好、喜欢的事物，与婴幼儿建立情感的联结。其次，保育师应针对婴幼儿语速慢、使用语气词较多的语言特点，运用生动的例子、形象的比喻、拟人的手法等进行表达。最后，在语言表达的过程中，保育师应语气亲切温和，体态优美，运用自然的表情以及恰当的动作，让婴幼儿用多感官感受语言的魅力。

> **案例** ▶▶▶▶
>
> 以下是两名保育师分别组织2～3岁幼儿排队的活动案例。
> 甲保育师："小朋友们，我们一起来排队吧！"
> 甲保育师喊了半天都没人理她，幼儿自己玩自己的。
> 乙保育师："轰隆隆，轰隆隆，火车开走了，小朋友们谁要来坐火车呀？我们一起来开火车吧！"
> 幼儿听到乙保育师的声音，立即跟着乙保育师排着队开着火车出发了。

解析：甲保育师运用的是已经熟悉排队规则的语言，这样的口令对于中大班的幼儿来说非常容易理解，可是对于低龄段的幼儿来说缺乏童趣。由于低龄段的幼儿年龄小以及生活经验少，他们还不能理解排队的含义。乙保育师巧妙地将排队比喻成开火车，使幼儿一下子就理解了什么是排队。幼儿听到童趣化的语言，结合他们熟悉的火车的形象，就能将保育师所描述的语言迁移到排队活动中，并参与保育师组织的游戏。

二、保育师口语的原则

遵循保育师口语的原则是提升保育师职业素养的重要途径，同时也能强化保育师的底线意识，为婴幼儿的健康成长提供保障。在保教工作中，保育师可依据婴幼儿的身心发展特点，遵循以下原则。

（一）民主性原则

民主性原则要求保育师尊重与热爱每一名婴幼儿，坚持言行雅正，为婴幼儿营造和谐、文明的交流氛围，引导他们学会表达自己的感受，帮助他们积极主动地接受困难与挑战，培养他们的自信心与独立性。保育师只有学会尊重婴幼儿和倾听婴幼儿的心声，才能使婴幼儿建立一定的信任感，为师幼之间建立良好的语言环境打下坚实的基础。

▶ 案例 ▶▶▶▶

保育师在组织幼儿排队时，发现总有一部分幼儿喜欢争抢第一，于是她围绕这个话题与幼儿展开了讨论。

保育师："你们都想争第一个，可是每次只能有一个小朋友走在前面，该怎么办呢？"

幼儿1："谁表现好，就让谁排第一。"

幼儿2："我们可以石头剪刀布，谁赢了谁就排第一。"

幼儿3："可以大家轮流排第一。"

……

保育师："你们的主意都很不错，老师尊重你们的想法，下次排队前我就按照你们的意见来选排第一的小朋友。"

解析：为了解决幼儿在排队时喜欢抢占第一个位置的问题，保育师以信任、尊重的态度，用民主谈话的方式，充分倾听幼儿的想法，和幼儿共同商量排队的方式，引导幼儿分析，并和幼儿共同解决问题。

（二）针对性原则

针对性原则是指以实现与婴幼儿良好沟通为目的，以有效获取信息为前提，有目的、有计划地与婴幼儿开展对话与交流的原则。在贯彻针对性原则时，保育师要根据婴幼儿的年龄特点、个性特征、兴趣爱好进行有针对性的引导。如面对批评，有的婴幼儿只要老师的语气一加重，就会大哭；而有的婴幼儿不管老师怎么说都不会听。所谓"一把钥匙开一把锁"，保育师语言的选择应考虑婴幼儿现有的接受水平，力求因人而异。

▶ 案例 ▶▶▶▶

皓皓是一个内敛、慢热的小朋友，平时活动时不爱主动与老师、小朋友交流。为了鼓励皓皓自信地表达，李老师经常对皓皓在日常生活中表现出的行为进行鼓励和表扬。

"皓皓真是一个爱帮助别人的小朋友！"

"皓皓，你吃饭的习惯真好，每次都能保持桌面干净。"

"老师看到皓皓愿意和小朋友分享你心爱的玩具。"

在李老师的鼓励下，皓皓变得越来越自信，能主动与他人交流，勇敢表达自己的想法。看到皓皓的进步，李老师由衷地为他感到高兴。

解析：案例中的皓皓是一个内向性格的孩子。面对这样的孩子，李老师不强迫他做不擅长的事情，而是慢慢地观察、发现他的优点，并及时鼓励、表扬他，用肯定性的评价增强他的自信心。

（三）互动性原则

互动是一种师幼双向人际交流，体现为发起与反馈之间的关系。它不是教师单向地向婴幼儿灌输的"听说训练"，而是在与婴幼儿"踢球"式的你来我往的语言互动中传递信息，引发婴幼儿的思考与回应。互动性原则要求保育师为婴幼儿营造和谐、文明的交流氛围，关注婴幼儿的行为、情感，倾听他们的想法，回应并肯定他们的想法，从而实现良好的师幼互动。

案例 ▶▶▶▶

> 保育师陈老师经常与宝宝进行互动。
> 更换尿不湿的时候——"哇，今天你很配合老师换尿不湿哟！"
> 带领宝宝做操的时候——"今天老师要给你做抚触操啦，准备好了吗？"
> 喂宝宝吃辅食的时候——"哇，香香的米糊糊来啦！"
> 一段时间后，每当陈老师与宝宝交流时，宝宝都会伴随着陈老师的交流"咿咿呀呀"地说个不停。

解析：陈老师通过语言与宝宝进行交流，向宝宝传递了这样一个信号——"我很愿意并且已经准备好了和你对话"。当保育师发出这样的信号后，宝宝接收到了这样的信号，并用前语言期的表达方式与保育师进行有效的互动。

三、保育师口语的分类

根据保育师不同的工作内容，保育师口语有不同的分类，从婴幼儿教育的角度可分为沟通语、鼓励语、引导语和批评语。

（一）沟通语

保育师在保教活动中扮演着沟通桥梁的角色。沟通不仅是语言的交流，更是情感的传递与理解。在与婴幼儿沟通时，保育师应运用沟通技巧，消除心理隔阂，获取信任，全面、真实地了解婴幼儿，给予他们表达的机会，用真诚、平等的语言与他们沟通，切忌进行空洞的说教。有效的沟通，不仅能促进婴幼儿的语言发展，还能为有效的师幼互动打下坚实的基础。

案例

一天午睡前，大家都在准备上床睡觉，杨杨却站在床边一动不动，不管保育师王老师怎么引导，他都不肯说出原因。

其他小朋友都上床后，王老师对他说："杨杨，现在其他小朋友都躺在床上了，你可以给老师讲讲为什么不上床睡觉吗？"

杨杨不好意思地低着头说："我刚刚尿尿的时候不小心把裤子弄湿了。"

王老师说："你刚才是害怕小朋友们笑话你吗？"

他点了点头。

王老师说："没关系，老师帮你悄悄地把裤子换下来，他们是看不见的。"

换好裤子后，杨杨安心地在床上睡着了。

解析： 当案例中的杨杨因为尿裤子而胆怯地面对老师、小朋友时，保育师用信任、尊重的语言消除了该幼儿的担忧。当杨杨第一次不愿意上床时，保育师没有强制他上床，而是耐心地与他沟通，引导他表达自己真实的想法。这样的做法既保护了幼儿的自尊心，又拉近了老师与幼儿之间的距离，让幼儿更加信任老师。

（二）鼓励语

鼓励语是保育师在教育教学中，鼓励婴幼儿积极上进、调动情绪并引导婴幼儿按预期目标发展的语言。保育师在使用鼓励语时，应选择有针对性的场景，注重鼓励语对婴幼儿认知的影响，鼓励的内容应是可信、详细、多样的。保育师应该理解婴幼儿，在情感上与他们产生共鸣。因为充满真情实感的鼓励语不但能激发婴幼儿的上进心，还能让不够自信的婴幼儿体验到成功的快乐。因此，有效运用鼓励语，能够增强婴幼儿的自信心，极大地调动他们的积极性，并让他们以饱满的热情投入活动中。

案例

晨间活动时，何老师正带领小朋友们进行拍球项目的练习。潼潼一个人躲在操场的一角，保育师王老师发现了躲在角落里的潼潼。

王老师对潼潼说："潼潼，你为什么不去参与拍球接力呢？"

潼潼带着哭腔说："我还不会拍球。"

王老师说："不用紧张，老师陪你一起学习。"

在王老师的鼓励下，潼潼愿意拿球进行练习了。

解析：案例中的小朋友原本对拍球缺乏自信，想要逃避这个活动，可是当保育师与她进行了平等的对话，并用鼓励的语言进行引导后，她有了参与的动力。案例中的保育师用平等的态度与幼儿交谈，并且结合自己学习的经验正向鼓励幼儿，消除她紧张的情绪，帮助她完成对自我的挑战。

（三）引导语

引导语是保育师在保教过程中将自己的教育意图，以婴幼儿能接受的方式进行指引、启发、开导的教育语言。婴幼儿的成长需要成人运用语言进行一步步的引导，保育师不再只是一个"灌输"知识给孩子的教育者，而应当运用恰当的引导语言，启发婴幼儿的思维，引领他们前行。

> **案例** ▶▶▶▶
>
> 小班的豚豚总喜欢往高处爬，趁老师不注意，她一会儿爬到桌子上，一会儿爬到钢琴上。保育师李老师用了多种方式制止她爬高的行为，但收效甚微。不一会儿，李老师拿了一个苹果，让豚豚看着她将苹果从桌子上滚下去，然后拿着摔坏的苹果让豚豚观察。
>
> 李老师："你发现了什么？"
>
> 豚豚："苹果摔坏了。"
>
> 李老师："是的，苹果从高高的桌子上掉下来会摔坏，那小朋友在高高的桌子上玩，摔下来会怎么样呢？"
>
> 豚豚看着苹果没有说话，从此以后她再也不往高处爬了。

解析：案例中的小女孩是一个才入园的小朋友，她对身边的环境充满好奇，喜欢冒险。受年龄特点影响，小班幼儿的自我控制能力较弱，且缺乏一定的安全意识。对于幼儿的不良行为，保育师不能简单地加以批评，而应运用适当的方法使幼儿在观察识别过程中形成正确的观念。在案例中，李老师先后使用了举例、暗示、提问三种引导方式来帮助幼儿认识往高处爬的危害性。

（四）批评语

批评语是保育师对婴幼儿在日常活动中的一些不当行为做出的否定性评价，它是教育过程中不可或缺的教育手段。运用批评语是为了让婴幼儿引起重视，认识自己的错误，改变不良行为。保育师在运用批评语时应注意方式方法，控制情绪，语气不可过分生硬，不能吓唬婴幼儿；应不伤及婴幼儿的人格及尊严，不带偏见；还应客观公正、实事求是，从关爱的角度出发，平等地对待每一个婴幼儿。

案例

午餐时，妍妍将不爱吃的蔬菜扔到了桌子底下，保育师郑老师看见后立即对她说："你要吃就吃，不吃也别扔呀，扔得满地都是，你觉得老师一天不辛苦吗？"听完郑老师的话，妍妍哭了起来。

解析：案例中妍妍挑食、扔食物的行为的确需要制止，但郑老师以直接、强硬的语气，伤害了该幼儿的自尊心。保育师应该先纠正该幼儿扔食物的行为，对其浪费食物的行为进行批评教育，再运用图片、视频等多种方式引导幼儿了解食物的来之不易。

运用提示

除了以上口语，保育师在工作中还会用到其他口语，如劝慰语、启迪语。在日常工作中，保育师可根据情境、对象的不同灵活地运用各种口语。

四、保育师口语的禁忌

由于保育师工作烦琐、复杂且婴幼儿的照料随时可能会引起各种应激问题，当婴幼儿的反应和表现不能达到预期的目标和要求时，保育师就可能产生烦躁、生气、焦虑等消极情感，出现过激、偏差的语言行为。

（一）简单粗暴

"你吃不吃？不吃就把你送到隔壁班去！"

"你走路怎么像乌龟那么慢，快点儿，快点儿！"

"再哭，再哭就不让妈妈来接你了。"

这类语言属于恐吓威胁类的语言，言外之意就是如果谁没有按老师的要求做，就会受到惩罚。教师应该变反面恐吓为正面鼓励，如"我们比比看谁是光盘大王""谁先到达终点谁就是小猎豹""你做得又快又好呢"……利用正面具体的激励方式调动孩子们的积极性，帮助孩子们突破自己。

（二）强制命令

"你今天必须把这碗饭吃完了才能去玩！"

"你听到没有，不许离开座位！"

"不要在床上动来动去！"

这些是强制命令性的语言，这样的语言体现的是以教师为主体的传统育儿观念。在这样的师幼互动下，教师始终是高高在上、发号施令的强者，而婴幼儿就是那个弱小的对象，不能有自己的想法，只能成为命令的服从者。婴幼儿如果长期受这样的控制，会感到非常压抑，形成缺乏主见甚至胆小怕事的性格。

（三）单一说教

"宝宝乖，要听话。"

"刚刚老师给你讲了这么多道理，你怎么总是不听呢！"

这类语言往往用于对婴幼儿的常规、习惯进行规范和指导，以成人为主导，

学习笔记

以限制婴幼儿的行为为目的。使用这类语言的保育师具有较高的权威意识，只是一味地让婴幼儿"服从""听话"，却没有引导婴幼儿理解"为什么不能这样做""被限制的原因是什么"，忽略了婴幼儿通过体验直观学习的身心发展特点。

（四）轻蔑否定

"你都两岁了，怎么还不会说话呀？人家一岁多的小宝贝都能说好多话了。"

"我说你不会吧，你偏要这样做！"

"你画的是什么呀？乱七八糟的！"

这些是对婴幼儿的轻蔑否定的用语，通常是婴幼儿的行为表现达不到成人预期时出现的语言。这样的语言会给婴幼儿造成一种负面的心理暗示，是教师的消极情绪在婴幼儿身上的表现。它反映出教师对婴幼儿行为的否定、批判，打击了婴幼儿的自信心，无视婴幼儿的自我评价，会伤害到婴幼儿的自尊心。教师应该变轻蔑否定为耐心鼓励，减少这类语言的出现，充分尊重、关注婴幼儿的个体差异。在日常活动中，教师也要充分给予婴幼儿探索、学习的时间，给予他们充足的信心，多欣赏他们的行为。

> **想一想**
> 如果你是小朋友，长期听到这样的话语心理会有什么变化呢？

学习笔记

**实训活动**

活动一

一、活动内容

抽丝剥茧

二、活动目标

1. 运用已学的知识，辨析活动材料中保育师口语的原则和特点。

2. 能用完整、流利的语言分析案例。

3. 认识保育师口语的重要性。

三、活动要求

1. 仔细阅读活动材料。

2. 找一找活动材料中运用了保育师口语的哪些原则。

3. 说一说活动材料中的教师有哪些值得我们学习的地方。

4. 紧密围绕活动材料中的师幼对话进行思考练习。

四、活动材料

午餐时间，幼儿们在排队领取饭菜。保育师李老师注意到，一些幼儿在领取饭菜时表现得不够礼貌，没有向分发饭菜的老师表示感谢。为了培养幼儿的

云测试

礼貌习惯，李老师决定利用这个时机进行礼貌教育。

于是，李老师走到队伍前面。当轮到一名幼儿领取饭菜时，李老师微笑着对该幼儿说："谢谢小朋友排队等待，请拿好你的饭菜。"同时，李老师也向分发饭菜的老师表示感谢，为幼儿们树立了一个正面的榜样。在随后的幼儿领取饭菜时，李老师开始引导他们说"谢谢"。当一名幼儿忘记说时，李老师轻轻地提醒他："宝贝，领取了饭菜要记得说什么呀？"幼儿想了想，然后说："谢谢老师。"李老师立刻给予肯定："真棒，你真是个有礼貌的好孩子！"

活动二

一、活动内容
我说你猜

二、活动目标
1. 能分辨不同的口语类型。
2. 能根据口语类型自编一句提示语。
3. 培养同伴之间的默契感。

三、活动要求
1. 先用教师准备的卡片进行活动，再用学生写的卡片进行活动。
2. 活动前学生自行熟悉各种口语类型，并自编各种口语类型语句各一句（每句不超过20字），上传至学习群。
3. 活动由甲、乙两个同学配对成一组进行。乙同学在闭眼的情况下抽取一张口语类型的卡片放在头顶，甲同学根据卡片提示说出对应的语句，如乙同学举"鼓励语"卡片，甲同学就说出事先准备好的语句"宝贝，加油，还有两口就吃完了"，由乙同学猜出口语的类型。

四、活动材料
1. 教师准备若干张不同口语类型的卡片，如写有"你可以和我说一说吗？加油！""再吃5口就胜利了！"等沟通语、鼓励语、批评语的卡片。
2. 准备一些空白卡片，支持学生自主创编口语内容。

五、活动建议
熟悉活动后，可限定时间，在规定时间内完成最多者获胜。

活动三

一、活动内容
头脑风暴

二、活动目标

1. 根据活动材料判断保育师口语的类型。

2. 对活动材料中的语言应用进行评价与反思。

三、活动要求

1. 认真阅读活动材料。

2. 判断活动材料中保育师口语的类型。

3. 阅读活动材料时勾画出其中的关键词并进行思考和分析。

四、活动材料

1. 牛牛喜欢将玩具扔到马桶里，保育师陈老师严肃地对他说："如果你再把玩具扔到马桶里，你就没有玩具可以玩了。"

2. 涵涵不能用双脚交替的方式上下楼梯，保育师何老师耐心地向她示范方法："我们用小手扶着栏杆，一只小脚跟着另一只小脚下楼。"

3. 妍妍和兮兮都喜欢玩喂宝宝的游戏，她俩在娃娃家为一个洋娃娃抢了起来，这时保育师李老师走过来对她们说："老师知道你们都很喜欢这个洋娃娃，你们可以一人玩几分钟，这样洋娃娃才会高兴呢，你们扯来扯去的会把洋娃娃弄疼的。"

巩固练习

1. 选择题（请选择正确选项填入下列括号中）。

（1）保育师的语言要准确，不能含糊其词，要杜绝方音方言。这说明保育师口语要（　　）。

A. 规范准确　　B. 有启发性　　C. 有教育性　　D. 明确目的

（2）对不同性格的婴幼儿要使用不同的语言，这说明保育师口语要遵循（　　）。

A. 鼓励性原则　　B. 针对性原则　　C. 民主性原则　　D. 互动性原则

（3）"再试一试，你一定会跳过去的。"保育师使用的口语类型是（　　）。

A. 鼓励语　　B. 沟通语　　C. 引导语　　D. 批评语

（4）"你如果能把这些菠菜吃完，就可以变成大力士哟。"保育师使用的口语类型是（　　）。

A. 沟通语　　B. 鼓励语　　C. 引导语　　D. 表扬语

（5）"看你举手这么积极，一上台就不敢说话了，真是浪费时间。"这样的口语违反了保育师口语的哪些禁忌？（　　）

A. 简单粗暴　　B. 轻蔑否定　　C. 单一说教　　D. 强制命令

（6）保育师口语的形象是指善于创造（　　），唤起婴幼儿对事物的真切感知。

A. 抽象形象　　　　B. 理想形象　　　　C. 直观形象　　　　D. 感性形象

2. 简答题。

（1）保育师口语应遵循哪些原则？

（2）你认为保育师口语与一般口语有什么不同？

（3）引导语的使用对婴幼儿的发展有何重要价值？

拓展提升 ▶▶▶▶

请上网搜索并观看视频《纪昌学射》。看完这个故事后你有什么感想呢？应该如何学习本课程呢？请把你的学习计划用绘画、文字的方式记录在下方吧。

学习评价

本项目学习完成，请根据下表要求完成评价，可采用自评与他评的方式评价。

项目考核评价表（100 分）　　评价人_____

维度及分值	等级标准					得分
	一等	二等	三等	四等	五等	
学习态度（30分）	每天能坚持本课程相关学习30分钟以上。（25～30分）	每天能坚持本课程相关学习20分钟以上。（15～24分）	每天能坚持本课程相关学习10分钟以上。（10～14分）	每天参与本课程相关学习不到10分钟。（5～9分）	每天参与本课程相关学习不到5分钟。（0～4分）	
能力运用（50分）	能按要求圆满、高效地完成课堂、课后练习全部内容，并指导他人完成。（40～50分）	能按要求独立、圆满地完成课堂、课后练习全部内容。（30～39分）	能按要求完成课堂、课后练习全部内容。（20～29分）	能基本按要求完成课堂、课后练习全部内容。（10～19分）	几乎不能按要求完成课堂、课后练习全部内容。（0～9分）	
知识掌握（20分）	能正确、完整地描述所学的全部知识，能提出与之相关的问题进行探究。（17～20分）	能正确、完整地描述所学的全部知识。（13～16分）	能在他人指导下正确、完整地描述所学的全部知识。（9～12分）	能在他人指导下基本正确、完整地描述所学的全部知识。（5～8分）	几乎不能描述所学的知识。（0～4分）	

反思感悟

亲爱的同学：通过本项目的学习，相信你已经有了不少收获，请根据下列提示做个记录吧。

1. 我学到的知识有：

2. 我学会的本领是：

3. 我还希望学习的是：

项目 2
普通话声调的辨正

情境描述

　　文文因为爸爸妈妈工作的变动,从北方来到了南方一所中职学校就读幼儿保育专业。对语言表达自信满满的她参加了学校广播员选拔,可初试她就被淘汰了,老师建议她加强声调的纠正与学习。文文虽然有些失落,但很快就振作精神。她准备结合老师的建议,制订相应的训练计划,争取通过下一期的学校广播员选拔。

　　为什么北方人的普通话声调也不标准?你能发现自己声调的问题吗?

学习目标

　　1.能说出普通话声调调值、调形、音变和变调的含义。

　　2.能准确听辨声调;能运用五度标记法和声调的发音要领读准字音;能运用变调规律,读准特殊情况的字音。

　　3.感受普通话声调的抑扬顿挫之美。

学习探索

　　1.请上网搜索并观看视频《中国话》第1集"言之有味",思考并回答:汉语方言为什么会有声调的差别?

　　2.请搜集三个不同地域的方言音频片段(如粤方言、吴方言、北方方言等),仔细听,感受声调的特点,并将本地方言和普通话声调进行比较。

学习驿站

声调是字音的高低升降的变化。在汉语里，一般一个音节（除儿化韵外）对应一个汉字的读音，因此声调也叫字调，具有区别意义的作用。

调类是声调的类别，声调有四类，分别是阴平（一声）、阳平（二声）、上声（三声）和去声（四声）。调值是声调的实际发音，调形是声调高低、升降、曲直的变化。具体如表1-1所示。

表1-1　普通话声调表

调类	调值	调号	调形	例字
阴平（一声）	55	ˉ	高平（→）	花 huā
阳平（二声）	35	ˊ	中升（↗）	红 hóng
上声（三声）	214	ˇ	降升（↘↗）	柳 liǔ
去声（四声）	51	ˋ	全降（↘）	绿 lǜ

一般采用五度标记法记录调值：用一根竖线表示音高，声音由低到高分为低、半低、中、半高、高，分别对应数字1、2、3、4、5，五个点四等分，类似于简谱音阶。五度标记法清晰呈现了一个音节从起音到收音的发音变化过程。如图1-1所示。注意调值只是相对音高，和音阶不同。

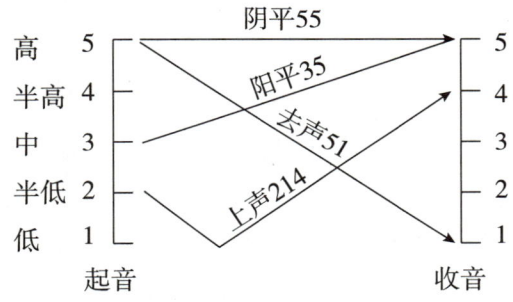

图1-1　五度标记图

声调虽然只有四个类别，却是普通话语音是否标准的重要体现。比如，北方方言与普通话的调类大致相同，但在实际朗读中，存在不少不同之处。下面从声调的辨正和特殊情况声调的辨正两个方面进行分析，以帮助人们避免方言发音，发准声调，增强语言表达的信心。

一、声调的辨正

（一）发音要领

1. 阴平的发音要领

阴平，调值是55，高平调。发音时，起音要高并一直保持音高到结束，调形从起音到收音始终没有变化。

为准确读出阴平读音和保持调形不变，可高声连续发类似于火车鸣叫的"u"音；还可记忆口诀"一声高高平又平"，在读阴平时配合手势画出一条平直的线段来体会调形。另外，选择阴平+阴平、阴平+去声的词语，能有效体会阴平的调值55。注意朗读的起音勿超过自己的自然音域。

例：单音节字　哀（āi）　巴（bā）　低（dī）　亏（kuī）
　　　　　　　佻（tiāo）　汪（wāng）　星（xīng）

阴平+阴平　家乡（jiāxiāng）　芬芳（fēnfāng）　招生（zhāoshēng）
　　　　　　飞机（fēijī）　　关心（guānxīn）　　批发（pīfā）

阴平+去声　接纳（jiēnà）　　出众（chūzhòng）　边际（biānjì）
　　　　　　机遇（jīyù）　　单据（dānjù）　　　欢笑（huānxiào）

2. 阳平的发音要领

阳平，调值是35，中升调。发音时，声音从中升到高，调形上扬，不能有曲折。

阳平的发音对南方的人来说有一定困难，可配合"由中到高往上升"的口诀来练习发音，手势斜向上画出线段体会调形走向。可运用阴平+阳平的词语，以阴平55调的高度来体会阳平35的调值。注意阳平最后的调值应达到最高，朗读时上扬幅度可夸张些。

例：单音节字　皑（ái）　拔（bá）　敌（dí）　葵（kuí）
　　　　　　　条（tiáo）　王（wáng）　行（xíng）

阴平+阳平　周年（zhōunián）　发言（fāyán）　公平（gōngpíng）
　　　　　　加强（jiāqiáng）　飘扬（piāoyáng）　偏旁（piānpáng）
　　　　　　轻盈（qīngyíng）　金鱼（jīnyú）　　签名（qiānmíng）
　　　　　　征程（zhēngchéng）包围（bāowéi）　综合（zōnghé）

3. 上声的发音要领

上声，调值是214，降升调。发音时，先读降调，从半低降到低，再用发阳平的要领将声调上扬读升调。调形曲折，先降后升。

在四个声调发音中，上声是重难点。除了借助手势画出降和升的曲折变化的调形，念口诀"先降然后再升起"，还有一种有效的辨正方法是识记五度标记图，牢记调值和调形。用阳平+上声的词语组合练习，能在阳平的35调值后，感受上声的曲降，可运用慢降快升的节奏来练习。

上声的辨正

例：单音节字　矮（ǎi）　　靶（bǎ）　　抵（dǐ）　　傀（kuǐ）
　　　　　　　窕（tiǎo）　　往（wǎng）　　醒（xǐng）

阳平 + 上声　提取（tíqǔ）　　骑马（qímǎ）　　神采（shéncǎi）
　　　　　　　遥远（yáoyuǎn）　雄伟（xióngwěi）　民主（mínzhǔ）
　　　　　　　食品（shípǐn）　全体（quántǐ）　难免（nánmiǎn）
　　　　　　　游泳（yóuyǒng）　情感（qínggǎn）　梅雨（méiyǔ）

在语句的连续表达中，受相邻字音的影响，有些音节的读音发生了一定的变化，这种情况我们称为音变。普通话里的音变现象主要有变调、轻声、儿化及语气词"啊"的变读。其中，变调是指相邻音节声调的变化。上声组成词语时，需按照表1-2上声的变调规律进行辨正。

表1-2　上声的变调规律

类别	调值	调形变化	举例
上声 + 阴平 上声 + 阳平 上声 + 去声	"半上"：21	(↘)→ (↘)↗ (↘)↘	上声 + 阴平：老师、许多 上声 + 阳平：启程、好评 上声 + 去声：写作、感谢
上声 + 上声	"直上"：近似35	↗(↘)	美好、理想、改写
上声 + 上声 + 上声	"双单格"： 35+35+214 "单双格"： 21+35+214	↗↗(↘) ↘↗(↘)	"双单格"：演讲稿、展览馆 "单双格"：纸老虎、老古董
单字或词尾	原调：214	(↘↗)	单字：给、养 词尾：我立刻去找你

4. 去声的发音要领

去声，调值是51，全降调。发音时，需确保起音的高度，声音由高降到低，调形为降。

手势由高往低画斜线，能有效体会降调的干脆利落；牢记口诀"高起猛降到底层"；选用阴平 + 去声或阳平 + 去声的词语进行练习，便于体会最高的5度音高和从最高的5度音高完全降下来的听觉感受。

例：单音节字　爱（ài）　　坝（bà）　　弟（dì）　　愧（kuì）
　　　　　　　跳（tiào）　　忘（wàng）　　幸（xìng）

阴平 + 去声　失望（shīwàng）　激动（jīdòng）　尊重（zūnzhòng）
　　　　　　　兴奋（xīngfèn）　操练（cāoliàn）　经济（jīngjì）

阳平 + 去声　维护（wéihù）　　陪衬（péichèn）　毒害（dúhài）
　　　　　　　矛盾（máodùn）　然后（ránhòu）　核算（hésuàn）

（二）主要问题

受方言发音的影响，在实际读音中声调容易在调值和调形上出现问题，具体见表1-3。

运用提示

表格中提及的四个声调的问题不是绝对的，需对照朗读的实际情况仔细听辨，运用五度标记法，按照声调发音要领认真揣摩，灵活运用。

表1-3　声调主要问题

调类	调值问题	调形问题	举例
阴平	起音偏低，读成44或43	收音的调形往下降	安、光、涛 家乡、刊登、胚胎
阳平	读成上声214；读到半高又降下来，读成34	调形先降后升；上扬不够	其、格、福 悬崖、羊群、集团
上声	读成阳平35，读成降下去的21；读成224或212	只有升或者降；调形没降到最低，便上升；"后半上"调形偏短	海、表、广 电影、烟火、代表
去声	起调低，读成42、53	调形太短，没到最低	毕、笑、亮 破例、恰当、顾客

下面这首儿歌形象、巧妙地将普通话四个声调的调形特点融入其中，并用语气词"啊"（a）的四个声调串联儿歌内容，读起来朗朗上口，生动有趣，便于理解与记忆声调特征。朗读时可将声调的调形与肢体动作相结合，增强形象记忆。

学习笔记

小猴吃桃

独木桥旁一树桃，小猴小心过小桥，啊（ā），
走到树下往上跳，啊（á），怎么没上去？
小猴用力再来跳，啊（ǎ），这下上去了，
小猴上树真高兴，吃饱树上睡一觉。
啊（à），不小心它摔下树，你说好笑不好笑？

——选自：周晓波.普通话与说话训练.2版.重庆：重庆大学出版社，2009：26.（有改动）

二、特殊情况声调的辨正

普通话的变调包括上声、"一""不"和重叠形容词的变调。在实际语流中，我们需注意轻声和变调这些特殊情况声调的辨正。

（一）轻声的读音

每个音节都有声调，但在实际语言运用中，有些音节往往会失去原来的声调，变成又轻又短的调子，这就是轻声。轻声词常常位于词末或者句末。（见表1-4）

表 1-4　轻声音节的读音

类别	读音趋势	调形变化	举例
阴平 + 轻声 阳平 + 轻声	中调 3 度	下降变短 →（↘○） ↗（↘○）	风筝、结实、先生 蘑菇、棉花、云彩
上声 + 轻声	半高调 4 度	上升变短 ↘（↗○）	你们、椅子、好的
去声 + 轻声	低调 1 度	下降变短 ↘（↘○）	费用、相声、漂亮、困难

想一想

轻声在实际运用中是否有规律，有哪些规律？

轻声的规律

（二）"一""不"的变调

在普通话里，"一"的原调是阴平，"不"的原调是去声，但在连续语流中，它们都存在变调的情况，具体如表 1-5 所示。

表 1-5　"一""不"的变调

位置	读音	调形变化	举例
单念或词尾	原调不变 一：阴平 不：去声	原调形不变 一：（→） 不：（↘）	一、二、三，万一 不、偏不
去声前	阳平	升调（↗）↘	一共、一片、不去、不会
非去声前	去声	降调（↘）→	一般、一枚、一曲 不高、不管、不好
重叠词 中间	轻读	上上相连，趋势为升 ↘（↗○）↘	跑不跑、想一想
		其他相连，趋势为降 →（↘○）→ ↗（↘○）↘ ↘（↘○）↘	说一说、听不听 学一学、行不行 看一看、跳不跳

（三）重叠形容词的变调

有很多重叠形容词的读法也有一定的规律，重叠部分的字在口语中变为阴平，在书面语中一般不变调，具体如表 1-6 所示。

表1-6 重叠形容词的变调

类别	读音	调形变化	举例
单音节形容词重叠：AA	阴平或不变	→（ˉ） ↗（ˊ） ↘（ˋ）	高高的 满满的 淡淡的
带儿化的单音节形容词重叠：AA+儿化	阴平	→（ˉ） ↗（ˊ） ↘（ˋ）	天天儿的 圆圆儿的 慢慢儿的
单音节+形容词重叠：BAA	阴平或不变	→（→）（→） ↗（→）（→） ↘（→）（→）	香喷喷 软绵绵 热腾腾
双音节形容词重叠：AABB	轻读+阴平或不变	→（ˉ）（→） ↗（ˉ）（→） ↗（ˉ）（→）	风风火火 严严实实 马马虎虎

实训活动

活动一

一、活动内容

音频标调

二、活动目标

1. 能认真倾听，准确判断声调的调类。

2. 感受四个声调的调值、调形的高低变化。

三、活动要求

1. 请扫描二维码听音频，仔细听念到的单音节字、双音节词语和多音节词语。

2. 将相应的声调调号写在相应的横线上。

3. 再次听音频，修改订正。

四、活动材料

1. 单音节字：

2. 双音节词语：

3. 多音节词语：

云测试

活动二

一、活动内容

拼音标调

二、活动目标

1. 理解四个声调的音高变化。

2. 体会声调的发音要领，读准声调。

三、活动要求

1. 请为下列音节找不同的声调，并写出几个字或词语。

2. 准确朗读写出的字和词语。

3. 同伴相互修改、倾听，提出改进意见。

四、活动材料

qi:

mo:

tao:

wu li:

jia ma:

五、活动建议

1. 可设定 5 分钟倒计时，采用小组比赛的方式进行活动。

2. 翻阅《新华字典》进行辨正，对书写的字词进行修改和补充。

活动三

一、活动内容

标调读字词

二、活动目标

1. 掌握声调的发音要领，读准字音。

2. 感受普通话声调与本土方言的异同。

三、活动要求

1. 请将活动材料中的字词的所有声调的调号写在括号里。

2. 对比普通话声调与本土方言的区别和联系，与同学交流。

3. 同伴相互朗读、倾听，提出改进意见。

四、活动材料

之（　）　娃（　）　缓（　）　课（　）　甲（　）

嚷（　）　地（　）　合（　）　约（　）　墨（　）

局（　　）　部（　　）　粥（　　）　锁（　　）　掠（　　）

鲜花（　　）　新闻（　　）　歌舞（　　）　先烈（　　）

年轻（　　）　勤俭（　　）　豪迈（　　）　讲师（　　）

启程（　　）　选举（　　）　管理组（　　）　水火土（　　）

三国鼎立（　　）　飞檐走壁（　　）

精神百倍（　　）　人才辈出（　　）

辗转反侧（　　）　喜笑颜开（　　）

活动四

一、活动内容

变调标调

二、活动目标

1. 能运用特殊情况声调的变调要领读准字音。

2. 感受特殊声调的变调规律。

三、活动要求

1. 读一读并分析活动材料中加点音节的声调，将实际读音写在括号里。

2. 分辨字词、语句的声调变调规律。

3. 同伴相互倾听，提出改进意见。

四、活动材料

一（　　）时　　第一（　　）　　一（　　）课　　一（　　）早

谈一（　　）谈　　不（　　）要　　不（　　）但　　不（　　）停

不（　　）必　　打不（　　）开　　看不（　　）清　　练一（　　）练

说了（　　）　　休息（　　）　　婆婆（　　）　　红的（　　）

骆驼（　　）　　桌子（　　）　　喇叭（　　）　　家伙（　　）

亮亮儿（　　）的　　金灿灿（　　）　　绿油油（　　）

轻轻（　　）松松（　　）　　高高（　　）兴兴（　　）

不（　　）用，谢谢（　　）了　　你说一（　　）说，我听听（　　）

活动五

一、活动内容

声调综合练习

二、活动目标

1. 体会声调的音高变化。

2. 能用标准的声调朗读字词、诗词和文章句段。

3. 能准确听辨声调。
4. 感受普通话抑扬顿挫的声调美、节奏美。

三、活动要求
1. 朗读活动材料中的内容，体会声调变化，声音清晰洪亮。
2. 录音并倾听自己的发音，发现错误或不规范的读音及时改正。
3. 同伴相互倾听，提出改进建议。

四、活动材料
1. 同声韵四声音节。

巴（bā）	拔（bá）	靶（bǎ）	爸（bà）
非（fēi）	肥（féi）	诽（fěi）	废（fèi）
珠（zhū）	竹（zhú）	煮（zhǔ）	铸（zhù）
身（shēn）	神（shén）	审（shěn）	甚（shèn）
青（qīng）	情（qíng）	请（qǐng）	磬（qìng）

2. 同声韵双音节词语。

白班（báibān）——百般（bǎibān）　　歼击（jiānjī）——剪辑（jiǎnjí）

雷击（léijī）——累计（lěijì）　　利益（lìyì）——礼仪（lǐyí）

年景（niánjǐng）——念经（niànjīng）

星辰（xīngchén）——姓陈（xìngchén）

3. 四声顺序及四声逆序词语。

光明磊落（guāngmínglěiluò）　　生活改善（shēnghuógǎishàn）

阴阳上去（yīnyángshǎngqù）　　万里晴空（wànlǐqíngkōng）

刻骨铭心（kègǔmíngxīn）　　热火朝天（rèhuǒcháotiān）

4. 特殊情况的声调变调。

| 语音（yǔyīn） | 北京（Běijīng） | 赶集（gǎnjí） | 导致（dǎozhì） |
| 简短（jiǎnduǎn） | 许久（xǔjiǔ） | 好转（hǎozhuǎn） | 调整（tiáozhěng） |

一五一十（yìwǔyìshí）　　一唱一和（yíchàngyíhè）

不声不响（bùshēngbùxiǎng）　　不屈不挠（bùqūbùnáo）

一丝不苟（yìsībùgǒu）　　一尘不染（yìchénbùrǎn）

稻子（dàozi）　黑的（hēide）　街上（jiēshang）　压着（yāzhe）

停着（tíngzhe）　尝尝（chángchang）　姑姑（gūgu）　玻璃（bōli）

师傅（shīfu）　去吧（qùba）　淡淡的（dàndànde）

胖胖的（pàngpàngde）　　慢吞吞（màntūntūn）

忙忙碌碌（mángmánglùlù）　　老老小小（lǎolǎoxiǎoxiāo）

学习笔记

5. 诗词。

春　晓

［唐］孟浩然

春眠不觉晓，

处处闻啼鸟。

夜来风雨声，

花落知多少。

天净沙·秋思

［元］马致远

枯藤老树昏鸦，

小桥流水人家，

古道西风瘦马。

夕阳西下，

断肠人在天涯。

6. 文章句段。

秋　天

天气凉了，树叶黄了，一片片叶子从树上落下来。

天空那么蓝，那么高。一群大雁往南飞，一会儿排成个"人"字，一会儿排成个"一"字。

啊！秋天来了！

——选自：温儒敏. 语文一年级上册. 北京：人民教育出版社，2016：54.

我常想读书人是世间幸福人，因为他除了拥有现实的世界之外，还拥有另一个更为浩瀚也更为丰富的世界。现实的世界是人人都有的，而后一个世界却为读书人所独有。由此我想，那些失去或不能阅读的人是多么的不幸，他们的丧失是不可补偿的。世间有诸多的不平等，财富的不平等，权力的不平等，而阅读能力的拥有或丧失却体现为精神的不平等。

节选自谢冕《读书人是幸福人》

——选自：国家语委普通话与文字应用培训测试中心. 普通话水平测试实施纲要（2021年版）. 北京：语文出版社，2022：386.

五、活动建议

1. 字词练习中可将方言和普通话进行辨正对比练习，感受声调的发音要领。

2. 字词和诗词可多练习几遍，可用夸张的声调朗读。

3. 朗读作品时，可配音乐感受声调的抑扬顿挫美。

4. 用录音系统辅助练习，有利于反复回听、问题记录和评价分享。

巩固练习

1. 请将五度标记图默画出来。

2. 请梳理本项目基本声调的辨正有哪些切实可行的方法，与老师、同学交流。

方法一：
方法二：
方法三：
方法四：
……

3. 请用思维导图梳理变调的几种情况。

4. 朗读下列作品。请运用声调的辨正要领，读准作品声调；尝试发现同学的声调读音问题，提出纠正方法。

老屋老

老屋老，老屋污，老屋经雨老屋涝；

老屋老，老屋秃，捞、老、污、秃是老屋。

——选自：仲梓源．播音主持艺术入门训练手册．北京：中国传媒大学出版社，2009：62．

学习笔记

七支长枪

手拿长枪上城墙，

上了城墙耍长枪。

见枪不见墙，见墙扔了枪，

眼花缭乱，武艺不强。

——选自：张慧．绕口令．3版．北京：中国传媒大学出版社，2018：111．

天上日头

天上日头，

嘴里舌头，

地上石头，

桌上馒头，

手掌指头。

——选自：张慧．绕口令．3版．北京：中国传媒大学出版社，2018：187-188．

嘴啃泥

你说一，我对一，

一个阿姨搬桌椅，

一个小孩不注意，

绊一个跟斗，啃一嘴泥。

——选自：张慧．绕口令．3版．北京：中国传媒大学出版社，2018：114．

拓展提升 ▶▶▶▶

一、关于绕口令

绕口令又叫拗口令、急口令，是一种流传于民间的传统语言游戏。由于它是将若干双声、叠韵词或发音相同、相近的语词有意集中在一起，组成简单、有趣的语韵，要求快速念出，所以读起来使人感到节奏感强，妙趣横生。

绕口令作为一门特殊的语言艺术，不仅能矫正发音部位，使人吐字清晰、用气自如；还能增强人的反应能力和记忆力。它可以将感情和情景再现融合，使得有声语言更精练、更富有美感，因而成为语言工作者如播音员、主持人、讲解员、教师等训练语言的首选材料。

绕口令的益处多多，但练习绕口令不是一件简单的事情，特别需要注意以下几个方面。

1. 准，就是吐字清晰、发音准确，这是练习绕口令的首要条件。在练习时需保持积极的心态，找准绕口令训练的关键词，按照正确的汉语发音要求逐字逐句进行练习，每个字尽量发得标准、清晰、圆润、饱满。

2. 慢，就是节奏适度，循序渐进，这是练好绕口令的有效方法。练习绕口令时不能单纯求快，而应在发音正确、清晰的前提下,速度由慢开始,多练习几遍,甚至用慢来体会准,在准确熟练的基础上逐步加快语速。绕口令作品的选择建议由易到难,不能操之过急。

3.勤,即勤于练习,坚持不懈,这是学好绕口令的必备条件。只有勤加练习,才能找准绕口令"拗口"的关键词和表达的思想感情,逐步达到又准又快还又好,促进思维敏捷、咬字器官配合灵活、表达流畅清晰。

二、关于《施氏食狮史》

《施氏食狮史》是我国著名语言学家赵元任先生于20世纪30年代创作的一篇文言同音文,出自《语言问题》。全文每个字的普通话发音都是"shi"。1960年,《施氏食狮史》被《大英百科全书》收录在有关中国语言项内。

施氏食狮史

石室诗士施氏,嗜狮,誓食十狮。氏时时适市视狮。十时,适十狮适市。是时,适施氏适市。氏视是十狮,恃矢势,使是十狮逝世。氏拾是十狮尸,适石室。石室湿,氏使侍拭石室。石室拭,氏始试食是十狮尸。食时,始识是十狮尸,实十石狮尸。试释是事。

三、请扫描二维码,了解普通话水平测试的性质和行业规定

学习评价

本项目学习完成,请根据下表要求完成评价,可采用自评与他评的方式评价。

声调评价表

班级_____ 姓名_____ 小组成员_____

评价项目及分值 (100分)	评价指标	评价分值			得分
倾听 (20分)	⊙能集中注意力地听。 ⊙能听清楚内容和意思。	16~20分	10~15分	0~9分	
表达 (80分)	⊙能准确朗读四个基本声调,调值准确,调形规范:阴平高平调55;阳平中升调35;上声降升调214;去声全降调51。 ⊙能准确读出特殊情况的声调,变调准确无误:轻声、"一""不"和重叠形容词的变调。 ⊙声音洪亮清晰,语速适中。	64~80分	48~63分	0~47分	
综合评语	自评:				
	他评:				

反思感悟 ▶▶▶▶

亲爱的同学：通过本项目的学习，相信你已经有了不少收获，请根据下列提示做个记录吧。

1. 我学到的知识有：

2. 我学会的本领是：

3. 我还希望学习的是：

项目 3
普通话声母的辨正

情境描述

苗苗老师刚入职三个月，在第一次的保育师技能汇报中，她的各项技能突出，但在绘本讲述的项目上，导师和教研组长都提到她的语言示范能力需要加强，尤其是平翘舌音发音不准确。她不气馁，虚心请教，找到了正确的辨正方法并勤加练习。在不久后的班级游戏活动展示中，她的语音准确度有了很大的提高。

你知道怎样发现和纠正声母的发音问题吗？

学习目标

1. 能说出声母的类别。
2. 能准确听辨声母，能运用声母的辨正要领和零声母"啊"的音变规律读准字音和句段。
3. 感受普通话声母规范发音的美。

学习探索

请朗读下列词语与语段，再扫描二维码听音频，分享与自己朗读的读音有什么不同。

弟子—地址　　股市—古寺　　阻止—主子
老路—恼怒　　水流—水牛　　几乎—肌肤
工会—公费　　短剑—短暂　　私人—昔人

我爱月夜，但我也爱星天。从前在家乡七八月的夜晚在庭院里纳凉的时候，我最爱看天上密密麻麻的繁星。望着星天，我就会忘记一切，仿佛回到了母亲的怀里似的。

节选自巴金《繁星》

——选自：国家语委普通话与文字应用培训测试中心.普通话水平测试实施纲要（2021年版）.北京：语文出版社，2022：388.

普通话的声母包括零声母在内共22个，辅音声母有21个。如果声母的发音不到位，就很容易"吃字"，直接影响语音的准确度和清晰度。

声母发音时气流在发音器官中受到阻碍的部位叫作发音部位，因此，依据不同的发音部位可将辅音声母分为七类，具体见表1-7。

表1-7 普通话辅音声母总表

发音部位		声母					
双唇音	上唇	b	p			m	
	下唇						
唇齿音	上齿				f		
	下唇						
舌尖前音	舌尖			z	c	s	
	齿背						
舌尖中音	舌尖	d	t			n	l
	上齿龈						
舌尖后音	舌尖			zh	ch	sh	r
	硬腭前						
舌面前音	舌面前			j	q	x	
	硬腭前						
舌面后音	舌面后	g	k			h	
	软腭						

一般来说，声母发音最容易出现问题的是：舌尖前音（平舌音）z、c、s与舌尖后音（翘舌音）zh、ch、sh、r，舌尖中音n（鼻音）与l（边音），舌面前音j、q、x与舌尖前音z、c、s，舌面后音h与唇齿音f分辨不清。只有分清这几组声母的发音，声母发音才能更加标准、清晰。

一、z、c、s与zh、ch、sh、r的辨正

（一）找准发音部位

舌尖前音的接触部位是舌尖与齿背，因舌尖平伸，有气流摩擦的声音，故也称平舌音。发音时，舌尖平伸抵住或接近齿背。

z、c、s和zh、ch、sh、r的发音

舌尖后音的发音部位是舌尖和硬腭前部。发音时，舌尖上翘，抵住或接近硬腭前部，故也称翘舌音。在练习中，可以将舌尖稍稍后缩，体会翘舌的感觉；另外，舌根肌肉注意放松，舌尖稍用力发音即可。

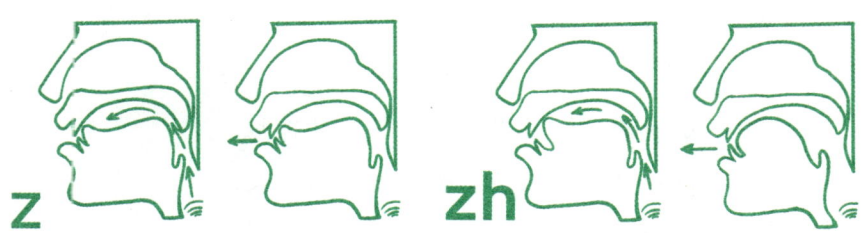

图1-2　z—zh的发音部位图

例：单音节字　　z　组（zǔ）　　早（zǎo）　　栽（zāi）　　增（zēng）
　　　　　　　　　　邹（zōu）　　脏（zāng）
　　　　　　　zh　主（zhǔ）　　找（zhǎo）　　摘（zhāi）　　正（zhèng）
　　　　　　　　　　轴（zhóu）　　掌（zhǎng）
　　　　　　　　c　词（cí）　　粗（cū）　　藏（cáng）　　草（cǎo）
　　　　　　　　　　存（cún）　　窜（cuàn）
　　　　　　　ch　池（chí）　　出（chū）　　长（cháng）　　超（chāo）
　　　　　　　　　　纯（chún）　　窗（chuāng）
　　　　　　　　s　苏（sū）　　森（sēn）　　三（sān）　　四（sì）
　　　　　　　　　　算（suàn）　　笋（sǔn）
　　　　　　　sh　书（shū）　　神（shén）　　善（shàn）　　室（shì）
　　　　　　　　　　涮（shuàn）　顺（shùn）
　　　　　　　　r　人（rén）　　润（rùn）　　让（ràng）　　仍（réng）
　　　　　　　　　　若（ruò）　　融（róng）

双音节词语　　zh—z　职责　　制造　　著作　　知足　　主宰
　　　　　　　ch—c　冲刺　　筹措　　储存　　揣测　　成才
　　　　　　　sh—s　申诉　　伸缩　　声速　　世俗　　设色
　　　　　　　　　r　认真　　日子　　如常　　认识　　仍然

（二）记忆方法

在实际运用中，即使掌握了平翘舌音正确的发音方法，面对众多平翘舌音字词，也容易平翘不分或平翘混乱。为了准确区分平舌音和翘舌音，一般可以采取下列方法进行记忆辨正。

学习笔记

1. 记少不记多

有语言学家做过统计，平翘舌音的字的比例大约为 3∶7，翘舌音的字比平舌音的字多得多。区分平翘舌音最简单快捷的方法就是记住平舌音的字，剩下的就是翘舌音的字了。例：

平舌音顺口溜

姊随嫂，操做早。曾撕笋，才擦灶。

催锁仓，速采桑。蚕丝足，村村足。

贼作祟，钻自私，罪凑足，总送死。

曹叟搓草索，孙子坐在左。此次最粗糙，匆匆总搓错。

藏僧宿草寺，岁岁自洒扫。择素做素餐，松侧栽棕枣。

——选自：周晓波.普通话与说话训练.2版.重庆：重庆大学出版社，2009：38.（有改动）

2. 声旁类推法

汉字中有很多形声字，声旁可以代表字音，据此可类推一部分平舌音或者翘舌音字的字音。如"中"是翘舌音的字，用它做声旁的字"忠、种、肿、钟、仲"等也都是翘舌音的字。再如"宗"是平舌音的字，"棕、综、粽、踪、鬃"等也都是平舌音的字。但这也不是绝对的，如"从"是平舌音的字，但"众"就是翘舌音的字，要注意积累和辨别。

3. 声韵配合法

可以根据声母与韵母的拼合规律来帮助记忆。如"ua、uai、uang"只与翘舌音相拼，不与平舌音相拼，看到"爪、踹、孀"就可以直接读出翘舌音；"ong"不与翘舌音 sh 相拼，"松、送、淞"的声母就是平舌音 s，掌握了这个规律，就能快速辨别平翘舌音。

二、n 与 l 的辨正

（一）明确发音方法

声母发音时气流解除发音部位所构成阻碍的方法是声母的发音方法。"n"和"l"的发音部位一样，都是舌尖中音，即舌尖与上齿龈接触发音，但发音方法完全不同。发鼻音时，舌尖抵住上齿龈中间，接触面积大，舌尖缓慢离开上齿龈，同时软腭下垂，打开鼻腔通路，气流从鼻腔流出；发边音时，舌尖与上齿龈中间的一点接触，接触面积小，舌尖快速离开上齿龈，同时软腭上升，堵塞鼻腔通道，气流从舌头两边流出来。

n 和 l 的发音

图 1-3　n—l 的发音部位图

例：单音节字　n　你（nǐ）　奶（nǎi）　能（néng）　念（niàn）
　　　　　　　　　暖（nuǎn）娘（niáng）
　　　　　　　l　理（lǐ）　来（lái）　愣（lèng）　练（liàn）
　　　　　　　　　峦（luán）亮（liàng）

双音节词语　n　南宁　　呢喃　　男女　　奶牛　　泥泞
　　　　　　l　兰陵　　理疗　　褴褛　　浏览　　伶俐

（二）记忆方法

1. 声旁类推法

和平翘舌音的区分方法一样，如"宁"是鼻音字，以它为声旁的"咛、泞、拧、柠、狞"等也都是鼻音字；"兰"是边音字，"栏、拦、烂"也都是边音字。这个规律适用于大部分边音字和鼻音字，但要注意"农"，以它为声旁的"浓、侬、脓"是鼻音字，但"笼、陇、拢、聋"是边音字，要注意区分。

2. 记少不记多

鼻音字比边音字少得多，大多数人容易发错鼻音，可采用记忆鼻音常用字、易错字和绕口令的方法来辨正。如"你、那、能、难"等就是鼻音常用字和易错字，而经常练习含有这些鼻音字的绕口令，有助于读准和记忆鼻音字。

3. 前字引导法

前字引导法是用前面的音节加鼻边音组成词语，通过音素的发音特点来限制和引导鼻边音的发音。发鼻音时，把以"n"为韵尾的音节放在鼻音音节前，如"本能、新年、男女"等。发边音时，把"ge、ke"放在边音前，能有效限制软腭下垂，发好边音，如"各类、可怜"等。

三、j、q、x 与 z、c、s 的辨正

"j、q、x"是舌面音，但若在发音时将舌尖靠前，有舌尖前音"z、c、s"的倾向，就带有明显的摩擦感，使得声音不自然，因此，要注意与平舌音"z、c、s"的区分。

"j、q、x"发音时,舌面前部接触或接近硬腭前部,舌尖轻轻抵住下齿龈,避免发出摩擦声。

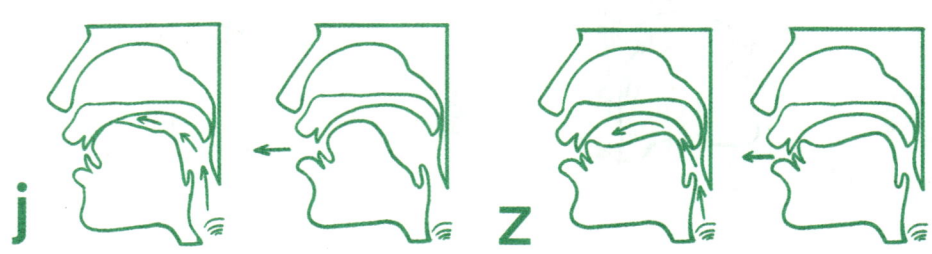

图1-4 j—z 的发音部位图

例:单音节字　j—q—x　机(jī)　　期(qī)　　西(xī)　　加(jiā)
　　　　　　　　　　　　洽(qià)　　霞(xiá)

　　　　　　　z—c—s　兹(zī)　　磁(cí)　　死(sǐ)　　杂(zá)
　　　　　　　　　　　　擦(cā)　　涩(sè)

　　双音节词语　j—q—x　齐心　　香蕉　　秋千　　需求　　先驱
　　　　　　　z—c—s　总算　　沧桑　　走私　　操作　　祖孙

四、h与f的辨正

部分方言里没有声母h或者f,或者将二者混淆,也就是我们常说的"h、f不分",如将"飞机"读成"灰机"。

h与f最大的区别是发音前的口形,h是开口,而f是半闭口(上齿与下唇接触),因此,它们的辨正主要是改正方音中习惯的错误读音。

例:单音节字　h　哈(hā)　　很(hěn)　　互(hù)　　航(háng)
　　　　　　　　　货(huò)　　慌(huāng)

　　　　　　　f　发(fā)　　粉(fěn)　　赴(fù)　　方(fāng)
　　　　　　　　　佛(fó)

　　双音节词语　h　开火　　黄昏　　航海　　含糊　　红火
　　　　　　　f　发达　　丰富　　福分　　反复　　仿佛

五、零声母"啊"的音变

有些音节开头部分没有声母,只有一个韵母独立成为音节,如ai、wu、yin等,这种音节的声母,语音学里称为"零声母"。

普通话中的零声母"啊"单独使用或在句首时,是感叹词,念原调;但用在句中或句尾时,变为语气助词,由于受前面音节末尾音素的影响,读音会发生变化,书面上有时写作"呀""哇""哪",具体情况见表1-8。

表 1-8 "啊"的音变规律

前面末尾音素的类型	读音变化	举例
a、o、e、i、ü、ê	ya	他呀！好多呀！唱歌呀！来呀！去呀！下雪呀！
u、ao、iao	wa	托您的福哇！好哇！跳哇！
n	na	好人哪！小心哪！怎么办哪？
ng	nga	冷啊！听啊！高兴啊！
-i（前）	za	写的什么字啊？几次啊？真自私啊！
-i（后）、er	ra	求知啊！吃啊！是啊！店小二啊！小金鱼儿啊！

实训活动

活动一

一、活动内容

听音记音

二、活动目标

1. 认真倾听，准确判断声母。
2. 感受声母规范发音的美。
3. 体会各类声母发音部位和发音方法的差异。

三、活动要求

1. 请扫描音频二维码，对应活动材料仔细倾听。
2. 准确判断声母，将听到的声母写在相应的横线上。
3. 再次倾听音频，修改订正。
4. 朗读填写的声母，体会这四组声母的辨正。

四、活动材料

1. z、c、s 和 zh、ch、sh、r：

2. n 和 l：

3. j、q、x 和 z、c、s：

4. h 和 f：

云测试

活动二

一、活动内容
平翘舌音的辨正

二、活动目标
1. 体会平翘舌音发音部位的差异。
2. 掌握平翘舌音的辨正要领，读准平翘舌音的字词和语句。

三、活动要求
1. 请将活动材料中字词的声母写在括号里。
2. 朗读平翘舌音的字词和绕口令，注意读准绕口令中加点的字。
3. 同伴相互倾听，提出改进意见。

四、活动材料

1. 做（　）——桌（　）　　场（　）——藏（　）
   涩（　）——射（　）　　砖（　）——钻（　）
   匆（　）——充（　）　　忍（　）——甚（　）
   阵（　）——怎（　）　　嫂（　）——烧（　）

2. 濡（　）染（　）——从（　）此（　）
   层（　）次（　）——城（　）池（　）
   手（　）势（　）——诉（　）讼（　）
   总（　）之（　）——桌（　）子（　）
   生（　）丝（　）——随（　）时（　）
   尺（　）寸（　）——此（　）处（　）
   周（　）四（　）——邹（　）氏（　）

3. **做早操**

   早晨早早起，早起做早操，
   人人做早操，做操身体好。

   ——选自：张慧．绕口令．3版．北京：中国传媒大学出版社，2018：31.

4. **史老师讲时事**

   史老师讲时事，
   常学时事长知识，
   时事学习看报纸，
   报纸登的是时事，
   常看报纸要多思，
   心里装着天下事。

   ——选自：张慧．绕口令．3版．北京：中国传媒大学出版社，2018：28.

活动三

一、活动内容
鼻边音的辨正

二、活动目标
1. 感受鼻音和边音的发音区别。
2. 掌握鼻音和边音的辨正要领，读准鼻边音的字词。

三、活动要求
1. 请将活动材料中字词的声母写在括号里。
2. 朗读鼻音和边音的字词和绕口令，注意读准绕口令中加点的字。
3. 同伴相互倾听，提出改进意见。

四、活动材料

1. 赖（　）——奈（　）　　牛（　）——刘（　）
   林（　）——您（　）　　恼（　）——老（　）
   梁（　）——酿（　）　　鸟（　）——料（　）
   拉（　）——拿（　）　　农（　）——笼（　）

2. 哪（　）里（　）——拉（　）你（　）
   力（　）量（　）——纳（　）凉（　）
   浓（　）烈（　）——农（　）林（　）
   年（　）龄（　）——年（　）历（　）
   凌（　）虐（　）——领（　）略（　）

3. **学习就怕满、懒、难**

   学习就怕满、懒、难，
   心里有了满、懒、难，
   不看不钻就不前；
   心里去掉满、懒、难，
   永不自满，边学边干，
   蚂蚁也能搬泰山。

——选自：周晓波.普通话与说话训练.2版.重庆：重庆大学出版社，2009：40.

活动四

一、活动内容
舌面音和平舌音的辨正

二、活动目标
1. 感受舌面音和平舌音的发音区别。

2. 掌握舌面音和平舌音的辨正要领，读准舌面音和平舌音的字词。

三、活动要求

1. 请将活动材料中字词中字音的声母写在括号里。

2. 朗读舌面音和平舌音的字词和绕口令，注意读准绕口令中加点的字。

3. 同伴相互倾听，提出改进意见。

四、活动材料

1. 集（　）——资（　）　　其（　）——次（　）

　斯（　）——记（　）　　戏（　）——刺（　）

　习（　）——字（　）　　下（　）——策（　）

　精（　）——紫（　）　　学（　）——扫（　）

2. 丝（　）线（　）——细（　）线（　）

　瓷（　）器（　）——吸（　）气（　）

　思（　）绪（　）——期（　）许（　）

　字（　）句（　）——拮（　）据（　）

　下（　）架（　）——加（　）价（　）

3. 　　　　　　　七加一，七减一

　　　　　七加一，七减一，
　　　　　加完减完等于几？
　　　　　七加一，七减一，
　　　　　加完减完还是七。

——选自：张慧. 绕口令. 3版. 北京：中国传媒大学出版社，2018：24.

活动五

一、活动内容

h 和 f 的辨正

二、活动目标

1. 感受 h 和 f 的发音区别。

2. 掌握 h 和 f 的辨正要领，读准 h 和 f 的字词和绕口令。

三、活动要求

1. 请将活动材料中字词的声母写在括号里。

2. 朗读 h 和 f 的字词和绕口令，注意读准绕口令中加点的字。

3. 同伴相互倾听，提出改进意见。

四、活动材料

1. 副（　）——互（　）　　汇（　）——肺（　）

芳（　　）——荒（　　）　　　恨（　　）——奋（　　）

非（　　）——徽（　　）　　　画（　　）——罚（　　）

2. 发（　　）话（　　）——发（　　）慌（　　）

繁（　　）华（　　）——粉（　　）花（　　）

复（　　）合（　　）——化（　　）肥（　　）

混（　　）纺（　　）——后（　　）方（　　）

3. 　　　　　　化肥会挥发

　　　　　　黑化肥发灰，

　　　　　　灰化肥发黑。

　　　　　　黑化肥挥发会发灰，

　　　　　　灰化肥挥发会发黑。

——选自：张慧. 绕口令. 3 版. 北京：中国传媒大学出版社，2018：14.（有改动）

活动六

一、活动内容

"啊"音变变变

二、活动目标

1. 感受"啊"在语流中受前面音素影响产生的音变。

2. 掌握"啊"的音变要领，读准"啊"在句中、句尾的读音。

三、活动要求

1. 请将零声母"啊"的音变读音写在括号里。

2. 朗读句子、绕口令，注意读准加点的"啊"。

3. 同伴相互倾听，提出改进意见。

四、活动材料

1. 他们多快乐啊！（　　）　　　请等一等啊！（　　）

我喜欢这些孩子啊！（　　）　　　这就是事实啊！（　　）

做事情要坚持到底啊！（　　）　　　别哭啊，（　　）一起想办法。

天空真蓝啊！（　　）　　　池塘里有很多金鱼啊！（　　）

2. 　　　　　　张果老

　　　　　　你是谁啊？

　　　　　　我是张果老啊！

　　　　　　你怎么不进来啊？

　　　　　　我怕被狗咬啊！

学习笔记

你兜儿里装的是什么啊？

装的大酸枣儿啊！

你怎么不吃啊？

我怕牙酸倒啊！

——选自：张慧．绕口令．3版．北京：中国传媒大学出版社，2018：199．

活动七

一、活动内容

声母综合练习

二、活动目标

1. 能准确听辨声母，掌握易错声母的辨正要领。

2. 能标准地朗读字、词语、绕口令和文章句段。

3. 感受普通话声母的吐字规范美。

三、活动要求

1. 朗读活动材料，体会声母发音部位和发音方法的变化，声音清晰洪亮。

2. 录音并倾听自己的发音，发现错误或不规范的读音及时改正。

3. 同伴相互倾听，提出改进建议。

四、活动材料

1. 声母对比辨正。

zh、ch、sh、r—z、c、s　　　n—l　　　h—f　　　j、q、x—z、c、s

2. 双音节词语对比辨正。

桑叶（sāngyè）——商业（shāngyè）

粗布（cūbù）——初步（chūbù）

推迟（tuīchí）——推辞（tuīcí）

造就（zàojiù）——照旧（zhàojiù）

膳食（shànshí）——散失（sànshī）

打捞（dǎlāo）——打闹（dǎnào）

思恋（sīliàn）——思念（sīniàn）

联合（liánhé）——黏合（niánhé）

泥巴（níba）——篱笆（líba）

离乡（líxiāng）——逆向（nìxiàng）

资金（zījīn）——自己（zìjǐ）

骄纵（jiāozòng）——杰作（jiézuò）

凑巧（còuqiǎo）——采取（cǎiqǔ）

清脆（qīngcuì）——全才（quáncái）

塑像（sùxiàng）——松懈（sōngxiè）

选送（xuǎnsòng）——迅速（xùnsù）

豪放（háofàng）——符合（fúhé）

话锋（huàfēng）——何妨（héfáng）

附会（fùhuì）——洪峰（hóngfēng）

横幅（héngfú）——丰厚（fēnghòu）

3. 绕口令。

（z、c、s—zh、ch、sh）　　**朱叔锄竹笋**

朱家一株竹，

竹笋初长出。

朱叔处处锄，

锄出笋来煮。

锄完不再出，

朱叔没笋煮，

竹株又干枯。

——选自：张慧.绕口令.3版.北京：中国传媒大学出版社，2018：28.

（z、c、s—zh、ch、sh）　　**四和十**

四是四，

十是十。

十四是十四，

四十是四十。

四十不是十四，

十四不是四十。

——选自：温儒敏.语文一年级上册.北京：人民教育出版社，2016：35.（有改动）

（n—l）　　**老农闹老龙**

老龙年年闹老农，

老农年年闹老龙。

农怒龙恼农更怒，

龙恼农怒龙怕农。

——选自：张慧.绕口令.3版.北京：中国传媒大学出版社，2018：18.

学习笔记

（n—l）　　　　　　　　　　**练一练**

练一练，念一念，

n、l要分辨，

l是舌边音，n是鼻音要靠前。

你来练，我来念，

不怕累，不怕难，

齐努力，攻难关。

——选自：张慧.绕口令.3版.北京：中国传媒大学出版社，2018：124.

（j、q、x—z、c、s）　　　　**真稀奇**

稀奇稀奇真稀奇，

麻雀踩死老母鸡，

蚂蚁身长三尺六，

八十岁的老头儿躺在摇篮里。

——选自：张慧.绕口令.3版.北京：中国传媒大学出版社，2018：25.

（j、q、x）　　　　　　　　**气球换皮球**

小齐吹气球，

小于玩皮球。

小齐要拿气球换小于的皮球，

小于不拿皮球换小齐的气球。

——选自：周晓波.普通话与说话训练.2版.重庆：重庆大学出版社，2009：36.

（h—f）　　　　　　　　　　**画凤凰**

粉红墙上画凤凰，

凤凰画在粉红墙。

红凤凰，粉凤凰，

红粉凤凰，粉红凤凰，花凤凰。

——选自：张慧.绕口令.3版.北京：中国传媒大学出版社，2018：14.

（h—f）　　　　　　　　　　**华华和红红**

华华有两朵黄花，

红红有两朵红花。

华华要红花，

红红要黄花。

华华送给红红一朵黄花，

红红送给华华一朵红花。

——选自：张慧.绕口令.3版.北京：中国传媒大学出版社，2018：23.（有改动）

4. 文章句段。

于很多中国人而言，火车就是故乡。在中国人的心中，故乡的地位尤为重要，老家的意义非同寻常，所以，即便是坐过无数次火车，但印象最深刻的，或许还是返乡那一趟车。那一列列返乡的火车所停靠的站台边，熙攘的人流中，匆忙的脚步里，张望的目光下，涌动着的都是思乡的情绪。

节选自舒翼《记忆像铁轨一样长》

——选自：国家语委普通话与文字应用培训测试中心.普通话水平测试实施纲要（2021年版）.北京：语文出版社，2022：400.

在太空的黑幕上，地球就像站在宇宙舞台中央那位最美的大明星，浑身散发出夺人心魄的彩色的、明亮的光芒，她披着浅蓝色的纱裙和白色的飘带，如同天上的仙女缓缓飞行。

节选自杨利伟《天地九重》

——选自：国家语委普通话与文字应用培训测试中心.普通话水平测试实施纲要（2021年版）.北京：语文出版社，2022：434.

中国结由一根丝绳缠结而成，不管这根绳经过如何曲折的缠绕，它始终围绕着它的起点，不离不弃。怪不得海外的华人特别喜欢中国结，因为他们知道自己是编织中国结的那根绳子的一部分，中华儿女同根生，这根绳子扯得再远，也离不开它的"头"。这个头就是自己的祖国，自己的乡土。

节选自朱杰人《中国结》

——选自：詹泽.中国语文朗读指导手册.北京：北京教育出版社，2016：56.

巩固练习

1. 通过本项目的学习,你觉得自己掌握的易错声母有哪些?

2. 请梳理本项目几组声母的辨正有哪些切实可行的方法,与老师、同学交流。

方法一:
方法二:
方法三:
方法四:
……

3. 请用思维导图梳理零声母"啊"的音变规律,与老师、同学交流。

4. 请朗读下列作品,并尝试发现同学的声母读音问题,提出纠正方法。

三月三

三月三,阿三撑伞上深山。

上山又下山,下山又上山,

出了满身汗,湿透一身衫。

上山走了四里四,

下山跑了三里三,

还剩一里金花闪,

唱支山歌手摇扇,

来了精神跑下山。

——选自:张慧.绕口令.3版.北京:中国传媒大学出版社,2018:139.

辨读

找到不念早稻，

乱草不念乱吵，

制造不是自造，

收不是搜，

流别念牛，

无奈不是无赖，

恼怒别念老路。

——选自：吴弘毅.实用播音教程　第 1 册　普通话语音和播音发声.北京：北京广播学院出版社，2002：219.（有改动）

望天门山

［唐］李白

天门中断楚江开，

碧水东流至此回。

两岸青山相对出，

孤帆一片日边来。

卜算子·咏梅

毛泽东

风雨送春归，飞雪迎春到。已是悬崖百丈冰，犹有花枝俏。

俏也不争春，只把春来报。待到山花烂漫时，她在丛中笑。

师说（节选）

［唐］韩愈

古之学者必有师。师者，所以传道受业解惑也。人非生而知之者，孰能无惑？惑而不从师，其为惑也，终不解矣。生乎吾前，其闻道也固先乎吾，吾从而师之；生乎吾后，其闻道也亦先乎吾，吾从而师之。吾师道也，夫庸知其年之先后生于吾乎？是故无贵无贱，无长无少，道之所存，师之所存也。

拓展提升 ▶▶▶▶

1. 请扫描二维码，了解 z—zh、c—ch、s—sh、n—l 辨音字表和 f—h 偏旁类推字表。

2. 关于古诗文诵读。

"读史使人明智，读诗使人灵秀。"一篇篇经典古诗文就是一位位良师益友，将优秀的文化知识潜移默化地渗透到每一个人的心中。学习的过程就犹如在花的世界中徜徉，染其色，闻其香，尝其味，通过阅读、欣赏，不仅能提高语言表达能力，还能开阔视野，陶冶情操，净化心灵。

在诵读古诗文的时候，需要把握以下几点。

（1）理解作品，整体感受。每篇经典的古诗文都可被视为一件完整的艺术品，要朗诵它，鉴赏它，就要从理解作品、整体感受开始。首先，只有对作者生平、创作心态及创作背景等诸方面有所了解，才能对作品有一个整体把握。其次，理解和感受的最好方法就是反复吟诵，吟诵也有层次，初读、细读、解读，逐步把握和感受古诗文的主要内容、关键词句和主题。

（2）捕捉意境，激发感情。古诗文的意境是诗文创作所达到的情景交融的思想和艺术境界，是将对富于特征的事物的描绘，与作者内在的情感有机结合而创造出来的含义深远的生活画面。阅读时，要展开联想和想象，将古诗文的语言化为具体生动的画面，去再现古诗文中的意境，理解作者在古诗文中所描绘的生动画面和寄寓的感情，在诵读中进一步培养和激发自己真挚、热烈、健康、高尚的感情。

（3）把握节奏，品味音韵。古诗文语言精练含蓄，富有节奏感、音韵美。阅读时，应反复诵读，在诵读过程中体会、感受作者的思想感情，领会古诗文深远的意境。诵读古诗文，要读准确，富有感情，尽量使声音的高低快慢、强弱轻重，语调的抑扬顿挫，都能恰到好处，符合古诗文的语言表达规律，体现古诗文语言的音乐美和节奏美。

3.请扫描二维码，了解普通话水平测试的试卷构成、测试方式和测试等级。

学习评价

本项目学习完成，请根据下表要求完成评价，可采用自评与他评的方式评价。

声母评价表

班级_____ 姓名_____ 小组成员_____

评价项目及分值（100分）	评价指标	评价分值			得分
倾听（20分）	⊙能集中注意力地听。 ⊙能听清楚内容和意思。	16～20分	10～15分	0～9分	
表达（80分）	⊙能找准声母的发音部位和运用正确的发音方法，发准声母"z、c、s和zh、ch、sh、r""n和l""j、q、x和z、c、s""h和f"的音。 ⊙能准确运用零声母"啊"的音变规律，读准字音。 ⊙声音洪亮清晰，语速适中。	64～80分	48～63分	0～47分	
综合评语	自评：				
	他评：				

反思感悟 ▶▶▶▶

亲爱的同学：通过本项目的学习，相信你已经有了不少收获，请根据下列提示做个记录吧。

1. 我学到的知识有：

2. 我学会的本领是：

3. 我还希望学习的是：

项目 4
普通话韵母的辨正

情境描述

幼儿园午餐前，李老师热情地向小朋友们介绍今日的菜品："今天的午餐很丰富，有虾滑丸子、炒菠菜，还有真（蒸）鸡蛋。"牛牛端着碗说："李老师，这是真的鸡蛋呢，我有一个塑料的假鸡蛋，它不能吃。"李老师听了牛牛的话，感到很不好意思，她下定决心，要好好纠正普通话的韵母发音不标准问题。

同学们，你们在进行韵母发音时遇到了什么困难，应该如何准确地辨正呢？

学习目标

1. 能说出韵母的分类。
2. 能准确听辨韵母，能运用韵母的辨正要领及儿化韵的读音规律读准字词和句段。
3. 感受普通话韵母规范发音的美。

学习探索

请先朗读下列字词和儿童诗，再扫描二维码听音频，分享与自己的读音有什么不同。

歌　默　起　娶　屋　火　页
阅　泪　为　摇　袄　厚　忧

粉刺——讽刺　　临时——零时　　人民——人名
蜗牛——火锅　　伦敦——分寸　　富翁——汹涌

蘑 菇

林 良

蘑菇是

寂寞的小亭子。

只有雨天，

青蛙才来躲雨。

晴天青蛙走了，

亭子里冷冷清清。

——选自：陈伦超，胡静.幼儿文学作品赏析.重庆：西南师范大学出版社，2018：85.

学习驿站

普通话有 39 个韵母，韵母依据结构可分为单韵母（10 个）、复韵母（13 个）、鼻韵母（16 个）。传统上根据韵母开头元音的发音口形又把韵母分为 4 类：以 i 开头的韵母称为齐齿呼，以 u 开头的韵母称为合口呼，以 ü 开头的韵母称为撮口呼，不是以 i、u、ü 开头的韵母称为开口呼，统称"四呼"。

依据上述两种分类方式，普通话的韵母可用表 1-9 来概括。

表 1-9　普通话韵母总表

名称	开口呼	齐齿呼	合口呼	撮口呼
单韵母	-i（前）、-i（后）	i	u	ü
	a			
	o			
	e			
	ê			
	er			
复韵母		ia	ua	
			uo	

续表

名称	开口呼	齐齿呼	合口呼	撮口呼
		ie		üe
	ai		uai	
	ei		uei	
	ao	iao		
	ou	iou		
鼻韵母	an	ian	uan	üan
	en	in	uen	ün
	ang	iang	uang	
	eng	ing	ueng	
			ong	iong

韵母是音节的重要组成部分，发音响亮，时值最长，因此，韵母的发音是字音洪亮和清晰的关键。依据韵母结构和韵母最容易出现的问题，我们可以从以下几个方面进行韵母的练习，找出它们对应的规律并加以记忆巩固。

一、单韵母与单韵母的辨正

（一）分清 o 与 e

"o、e"是单韵母发音的重难点，它们的发音要领见表 1-10，发音示意图见图 1-5。在发"o"的基础上，慢慢展开双唇，就可发"e"。

表 1-10 "o、e"发音要领

普通话韵母	发音要领	举例
o	嘴唇拢圆，舌头后缩，舌位半高，舌后部微微隆起，声带振动。	波、泊、魄、默 铂金、魄力、迫降
e	面部保持微笑状态，双唇自然展开，露出上下齿，声带振动。	哥、壳、河、额 可以、俄国、科学

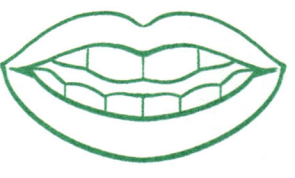

o   e

图 1-5 "o、e"发音示意图

例：o—e 婆婆（pópo）——哥哥（gēge）

　　　　伯伯（bóbo）——合格（hégé）

　　　　玻璃（bōli）——隔离（gélí）

　　　　破题（pòtí）——个体（gètǐ）

　　　　默读（mòdú）——克服（kèfú）

　　　　魔力（mólì）——颗粒（kēlì）

（二）分清 i 与 ü

"i"是不圆唇元音，"ü"为圆唇元音，在方言中，"i""ü"都容易被念成"i"，即俗称的"齐撮不分"。

在"i"与"ü"的辨正中，关键要发好"ü"。可先发"i"，在发齐齿呼"i"的舌位基础上，双唇靠内缘隆起，撮成小圆孔，即可发出"ü"。

例：i—ü 一块（yíkuài）——愉快（yúkuài）

　　　　季节（jìjié）——拒绝（jùjué）

　　　　小姨（xiǎoyí）——小鱼（xiǎoyú）

　　　　娇妻（jiāoqī）——郊区（jiāoqū）

　　　　意识（yìshi）——玉石（yùshí）

　　　　拟人（nǐrén）——女人（nǚrén）

二、单韵母与复韵母的辨正

（一）分清 o、u 与 uo、ou

分清"o、u"主要是注意口形的松紧，这两个音的口形都是圆形，但"u"的口形更小，嘴唇收得更紧。

"uo、ou"从口形上观察，一个是先小后大、先紧后松，另一个则反之。"o、uo"在一些方言中常常被混淆。比如西南方言中没有"uo"，直接发成了"o"，如"过、活、说"等。粤方言将"d、t、n、l、z、c、s、b、p、m"声母后的"u"念成"ou"，如"不、吐"等。

分清 o 与 uo

例：o—uo 磨破（mópò）——夺取（duóqǔ）

　　　　　薄膜（bómó）——躲藏（duǒcáng）

　　　　　默默（mòmò）——萝卜（luóbo）

　　　　　笔墨（bǐmò）——勒索（lèsuǒ）

　　　　　沉默（chénmò）——合伙（héhuǒ）

　　　　　落魄（luòpò）——网络（wǎngluò）

u—ou　步骤（bùzhòu）——手足（shǒuzú）

　　　出头（chūtóu）——走路（zǒulù）

　　　独奏（dúzòu）——构图（gòutú）

　　　扶手（fúshǒu）——候补（hòubǔ）

　　　幕后（mùhòu）——厚度（hòudù）

　　　渡口（dùkǒu）——投入（tóurù）

（二）分清 i、ü 与 ie、üe

单韵母"i、ü"发音时如咧嘴，就会添加元音"ê"，易发成"ie、üe"，要注意它们的区别辨正。

例：i—ie　笛子（dízi）——碟子（diézi）

　　　　喜字（xǐzì）——写字（xiězì）

　　　　习作（xízuò）——写作（xiězuò）

　　　　稀奇（xīqí）——泄气（xièqì）

　　　　寄钱（jìqián）——借钱（jièqián）

　　　　激发（jīfā）——揭发（jiēfā）

ü—üe　玉石（yùshí）——月食（yuèshí）

　　　　局部（júbù）——绝不（juébù）

　　　　曲线（qūxiàn）——缺陷（quēxiàn）

　　　　虚弱（xūruò）——削弱（xuēruò）

　　　　区域（qūyù）——雀跃（quèyuè）

　　　　下雨（xiàyǔ）——下月（xiàyuè）

三、复韵母与复韵母的辨正

（一）分清 ei 与 ui

在有的方言里，"ei"容易发成"ui"（uei），如"雷、磊、类、泪"等。"ei"是前响复韵母，发音时先发响"e"，再向韵尾"i"滑动；如果添加韵头"u"，就容易发成"ui"。另外，在普通话里，声母"n、l"不与韵母"ui"相拼，注意区别记忆。

例：ei—ui　积累（jīlěi）——继位（jìwèi）

　　　　　劳累（láolèi）——老魏（lǎowèi）

　　　　　流泪（liúlèi）——六位（liùwèi）

　　　　　气馁（qìněi）——气味（qìwèi）

　　　　　内容（nèiróng）——委任（wěirèn）

　　　　　雷雨（léiyǔ）——喂鱼（wèiyú）

（二）分清 ao、ou 与 iao、iou

"ao、ou"是前响复韵母，分别发响"a""o"后向"o""u"滑动；"iao、iou"是中响复韵母，忽视韵头"i"就容易发成"ao、ou"。还容易出现的问题是，"ao、ou、iao、iou"的发音动程不够，韵尾元音舌位靠前，造成韵母发音不规范。

例：ao—iao　　报表（bàobiǎo）——渺小（miǎoxiǎo）
　　　　　　　嘲笑（cháoxiào）——巧妙（qiǎomiào）
　　　　　　　讨好（tǎohǎo）——交道（jiāodao）
　　　　　　　老少（lǎoshào）——毛料（máoliào）
　　　　　　　逃跑（táopǎo）——萧条（xiāotiáo）
　　　　　　　茅草（máocǎo）——疗效（liáoxiào）
　　ou—iou　　丑陋（chǒulòu）——求救（qiújiù）
　　　　　　　抖擞（dǒusǒu）——逗留（dòuliú）
　　　　　　　招收（zhāoshōu）——谋求（móuqiú）
　　　　　　　售后（shòuhòu）——守旧（shǒujiù）
　　　　　　　陡峭（dǒuqiào）——丢掉（diūdiào）
　　　　　　　构造（gòuzào）——凑巧（còuqiǎo）

四、鼻韵母与鼻韵母的辨正

（一）分清 en、in 与 eng、ing

鼻韵母有前后鼻韵母之分，西南方言常将后鼻韵母读成前鼻韵母，如将"风声"读成"分身"。要分清"en、in"与"eng、ing"，需准确把握它们的发音要领，见表1-11。

表1-11　"en、in"与"eng、ing"发音要领

韵母名称	发音要领	举例
en、in	先发 e、i，然后舌尖用力抵住上齿龈，发前鼻音 n。	奔、喷、陈、门宾、拼、林、民
eng、ing	先发 e、i，然后舌根用力抵住软腭，发后鼻音 ng。	崩、彭、成、萌兵、平、灵、明

分清 in 与 ing

学会发前后鼻韵母后，还要分清哪些字该读前鼻韵母，哪些字该读后鼻韵母，可以利用偏旁类推法，如"登"是后鼻韵母的字，用它做声旁的"蹬、瞪、凳"等也都是后鼻韵母的字。可以利用声韵配合规律，如"en、in"一般不和"d、t"相拼（"扽 dèn"除外），"等、疼"等就是后鼻韵母的字。"z、c、s"和"en"相拼的字非常少，只有"怎、岑、参、森"等，可以用记少不记多法来帮助记忆，以更好辅助辨正前后鼻韵母。

学习笔记

例：en—eng 　枕套（zhěntào）——整套（zhěngtào）

　　　　　　　吩咐（fēnfù）——丰富（fēngfù）

　　　　　　　粉刺（fěncì）——讽刺（fěngcì）

　　　　　　　盆子（pénzi）——棚子（péngzi）

　　　　　　　市镇（shìzhèn）——市政（shìzhèng）

　　　　　　　申诉（shēnsù）——声速（shēngsù）

　　in—ing 　　金银（jīnyín）——经营（jīngyíng）

　　　　　　　禁忌（jìnjì）——竞技（jìngjì）

　　　　　　　频繁（pínfán）——平凡（píngfán）

　　　　　　　尽头（jìntóu）——镜头（jìngtóu）

　　　　　　　寝室（qǐnshì）——请示（qǐngshì）

　　　　　　　民心（mínxīn）——明星（míngxīng）

（二）分清 eng 与 ing

"eng、ing"是后鼻韵母的难点，在实际发音中，问题主要表现在：首先，过分强调后鼻音，韵尾"ng"发音延长，"eng、ing"读音不准确；其次，"ing"发音时，舌尖后缩，发成了"ieng"，在辨正时需要注意舌尖不能离开下齿龈，归韵时气流从鼻腔往后流动就可以了。

例：eng—ing 　崩溃（bēngkuì）——冰块（bīngkuài）

　　　　　　　绷带（bēngdài）——冰袋（bīngdài）

　　　　　　　迸发（bèngfā）——并发（bìngfā）

　　　　　　　灯塔（dēngtǎ）——顶塔（dǐngtǎ）

　　　　　　　凳子（dèngzi）——钉子（dīngzi）

　　　　　　　棱角（léngjiǎo）——领教（lǐngjiào）

（三）分清 un 与 en

在西南方言中，含有韵头"u"的字在发音时被删除了"u"，将"un"读成"en"，如"吨、吞、问、论"等，这样实际读音就和普通话相差很大，要注意把握辨正要领记忆练习。

例：un—en 　论文（lùnwén）——分寸（fēncùn）

　　　　　　 遵守（zūnshǒu）——镇守（zhènshǒu）

　　　　　　 海豚（hǎitún）——海参（hǎishēn）

　　　　　　 村庄（cūnzhuāng）——沉着（chénzhuó）

　　　　　　 吨位（dūnwèi）——森林（sēnlín）

　　　　　　 损失（sǔnshī）——绅士（shēnshì）

（四）分清 ong、eng、ueng

"ong、eng、ueng"都是后鼻韵母，受方音影响，它们的发音容易混淆。如"崩、彭、梦、风"等的韵母"eng"发成了"ong"，"翁、瓮、嗡"的韵母"ueng"也发成了"ong"。在辨正时，除了把握它们的发音要领（见表 1-12），还可运用声韵配合规律来记忆，如"b、p、m、f"不和"ong"相拼，"翁、瓮、嗡、蓊"等都是零声母，还可以运用声旁类推法辨正记忆。

表 1-12 "ong、eng、ueng"发音要领

韵母名称	发音要领	举例
ong	先发 o，舌根向软腭移动并抵住发 ng	龙、同、共、宏
eng	先发 e，舌根向软腭移动并抵住发 ng	冷、疼、更、衡
ueng	做出发 u 的状态，接着发 eng	翁、嗡、蓊、瓮

例：ong—eng　龙珠（lóngzhū）——愣住（lèngzhù）

　　　　　　　恐龙（kǒnglóng）——坑里（kēnglǐ）

　　　　　　　东汇（dōnghuì）——灯会（dēnghuì）

　　　　　　　浓重（nóngzhòng）——能中（néngzhòng）

　　　　　　　中职（zhōngzhí）——正直（zhèngzhí）

　　　　　　　红肿（hóngzhǒng）——恒重（héngzhòng）

　　eng—ueng　萌生（méngshēng）——嗡嗡（wēngwēng）

　　　　　　　梦境（mèngjìng）——蕹菜（wèngcài）

　　　　　　　乘胜（chéngshèng）——老翁（lǎowēng）

　　　　　　　奉送（fèngsòng）——蓊郁（wěngyù）

　　　　　　　风筝（fēngzheng）——瓮城（wèngchéng）

　　　　　　　更正（gēngzhèng）——主人翁（zhǔrénwēng）

五、儿化

儿化是指在语流中，音节末尾的"儿"（er）和前面音节的韵母产生连音变化，使之成为一个带卷舌动作的韵母，这种又短又弱的卷舌韵母就叫儿化韵。注意儿化韵里的"儿"（er）不是一个独立的音节。

儿化作为一种语流音变现象，具有区别词义、区分词性、表示细小、表示喜爱的感情色彩等作用。

读儿化韵时，韵腹要读得饱满，在前一个音读完后立即做卷舌动作，卷舌一定要自然，舌头不宜过高。另外，看到有"儿"字的多音节词语，需要注意

辨别，并非所有带"儿"字的多音节词语都需要读儿化韵。如"我喜欢花儿"和"请欣赏《花儿为什么这样红》"，第一句属于口语，要读成儿化韵；第二句属于书面语，因此不能读成儿化韵。总之，要根据音节在句子中的具体应用来判断是否读儿化韵。

实训活动

云测试

活动一

一、活动内容

韵母辨正

二、活动目标

1. 认真倾听，准确判断韵母。

2. 体会同类别韵母发音的差异。

3. 感受韵母规范发音的美。

三、活动要求

1. 请扫描二维码，仔细听音频，将听到的韵母写在活动材料中。

2. 再次听音频，修改订正。

3. 朗读填写的韵母，体会这四组韵母的不同。

四、活动材料

1. 单韵母与单韵母：

2. 单韵母与复韵母：

3. 复韵母与复韵母：

4. 鼻韵母与鼻韵母：

活动二

一、活动内容

单韵母与单韵母的辨正

二、活动目标

1. 感受不同单韵母的发音差异。

2. 掌握"o 与 e""i 与 ü"的辨正要领，读准字词和绕口令。

三、活动要求

1. 请将活动材料中字词的单韵母写在括号里。

2. 朗读活动材料中的字词和绕口令，注意读准绕口令中加点的字。

3. 同伴相互倾听，提出改进意见。

四、活动材料

1. 鹤（　　）——勃（　　）　　模（　　）——则（　　）

   佛（　　）——鄂（　　）　　七（　　）——区（　　）

   绪（　　）——细（　　）　　菊（　　）——级（　　）

2. 舍（　　）得（　　）——伯（　　）伯（　　）

   播（　　）种——遮（　　）盖

   下坡（　　）——下车（　　）

   积（　　）极（　　）——絮（　　）语（　　）

   喜（　　）悦——续（　　）约

   一（　　）个（　　）——句（　　）末（　　）

3. ### 鹅和河

   坡上立着一只鹅，
   坡下就是一条河。
   宽宽的河，
   肥肥的鹅。
   鹅要过河，
   河要渡鹅。
   不知是鹅过河，
   还是河渡鹅。

   ——选自：张慧．绕口令．3版．北京：中国传媒大学出版社，2018：46．

4. ### 蓝雨伞绿雨衣

   蓝雨伞，绿雨衣，
   意见不一遇见驴。
   打着雨伞提着梨，
   穿着雨衣骑着驴。

   ——选自：张慧．绕口令．3版．北京：中国传媒大学出版社，2018：148-149．

活动三

一、活动内容

单韵母与复韵母的辨正

二、活动目标

1. 感受单韵母与复韵母的发音区别。
2. 掌握"o、u 与 uo、ou""i、ü 与 ie、üe"的辨正要领，读准字词和绕口令。

学习笔记

三、活动要求

1. 请将活动材料中字词的韵母写在括号里。
2. 朗读活动材料中的字词和绕口令，注意读准绕口令中加点的字。
3. 同伴相互倾听，提出改进意见。

四、活动材料

1. 莫（　）——国（　）　　啄（　）——泼（　）

   图（　）——头（　）　　瘦（　）——速（　）

   踢（　）——贴（　）　　劣（　）——立（　）

   渠（　）——雀（　）　　靴（　）——虚（　）

2. 阔（　）绰（　）——大伯（　）

   大坡（　）——大火（　）

   屋（　）漏（　）——扣（　）除（　）

   即（　）日（　）——节（　）日（　）

   结（　）合——集（　）合

   雪（　）月（　）——续（　）约（　）

3. <center>猴牵狗</center>

   一只猴牵一只狗，

   坐在油篓边上喝烧酒。

   猴喝酒还就着藕，

   狗啃完骨头啃油篓

   ——选自：张慧.绕口令.3版.北京：中国传媒大学出版社，2018：73.

   谢老爷和薛大爷

   谢老爷在街上扫雪，

   薛大爷在屋里打铁，

   薛大爷见谢老爷在街上扫雪，

   就放下手里打着的铁，

   到街上帮谢老爷扫雪。

   谢老爷扫完街上的雪，

   进屋去帮薛大爷打铁。

   二人同扫雪，二人同打铁。

   ——选自：张慧.绕口令.3版.北京：中国传媒大学出版社，2018：82.

活动四

一、活动内容

复韵母与复韵母的辨正

二、活动目标

1. 感受不同复韵母的发音区别。
2. 掌握"ei 与 ui""ao、ou 与 iao、iou"的辨正要领，读准字词和绕口令。

三、活动要求

1. 请将活动材料中字词的韵母写在括号里。
2. 朗读活动材料中的字词和绕口令，注意读准绕口令中加点的字。
3. 同伴相互倾听，提出改进意见。

四、活动材料

1. 黑（　　）——灰（　　）　　贼（　　）——最（　　）
   道（　　）——调（　　）　　偶（　　）——有（　　）
   妙（　　）——猫（　　）　　袖（　　）——抽（　　）

2. 北（　　）美（　　）——汇（　　）兑（　　）
   号（　　）召（　　）——逍（　　）遥（　　）
   欧（　　）洲（　　）——秋（　　）游（　　）
   嘲（　　）笑（　　）——碉（　　）堡（　　）
   纽（　　）扣（　　）——守（　　）候（　　）

3. <center>白猫变黑猫</center>

白猫觉得黑猫美，
一头扎进黑煤堆。
黑煤飞灰猫毛黑，
脸黑背黑腿黑尾巴黑，
耳朵胡子爪子都变黑。

——选自：张慧．绕口令．3 版．北京：中国传媒大学出版社，2018：65．

猫闹鸟

东边庙里有个猫，
西边树梢有只鸟。
不知猫闹树梢鸟，
还是鸟闹庙里猫？

——选自：张慧．绕口令．3 版．北京：中国传媒大学出版社，2018：69．

学习笔记

学习笔记

活动五

一、活动内容
鼻韵母与鼻韵母的辨正

二、活动目标
1. 感受不同鼻韵母的发音区别。

2. 掌握"en、in 与 eng、ing""eng 与 ing""un 与 en""ong、eng、ueng"的辨正要领，读准字词和绕口令。

三、活动要求
1. 请将活动材料中字词的韵母写在括号里。

2. 朗读活动材料中的字词和绕口令，注意读准绕口令中加点的字。

3. 同伴相互倾听，提出改进意见。

四、活动材料

1. 刃（　　）——扔（　　）　　灵（　　）——冷（　　）

　　金（　　）——敬（　　）　　轮（　　）——闷（　　）

　　横（　　）——洪（　　）　　崇（　　）——嗡（　　）

2. 根（　　）本（　　）——省（　　）城（　　）

　　纷（　　）争（　　）——成（　　）分（　　）

　　性（　　）能（　　）——盛（　　）行（　　）

　　温（　　）吞（　　）——人（　　）称（　　）

　　疼（　　）痛（　　）——渔翁（　　　）

3. **棚倒盆碎棚砸盆**

　　上边一个棚，

　　地下一个盆，

　　棚倒盆碎棚砸盆。

　　是棚赔盆，还是盆赔棚？

——选自：张慧．绕口令．3版．北京：中国传媒大学出版社，2018：94.

路灯

　　十字路口指示灯，

　　红黄绿灯分得清。

　　红灯停，绿灯行，

　　停行、行停看灯明。

——选自：张慧．绕口令．3版．北京：中国传媒大学出版社，2018：102.

渔翁和老翁

渔翁放鱼入水瓮,
老翁放鱼出水瓮。
渔翁老翁都放鱼,
入出水瓮却不同。

——选自:张慧.绕口令.3版.北京:中国传媒大学出版社,2018:108.

活动六

一、活动内容

听歌吟词

二、活动目标

1. 感受不同鼻韵母的发音区别。

2. 掌握"en、in 与 eng、ing""eng 与 ing""un 与 en""ong、eng、ueng"的辨正要领。

三、活动要求

1. 在正规网站上搜索王丽达演唱的歌曲《梦想有一天》。

2. 聆听歌曲,写下含有鼻韵母"en、in 与 eng、ing""eng 与 ing""un 与 en""ong、eng、ueng"的字词。

3. 同伴相互分享,再次聆听歌曲,修改订正。

4. 播放歌曲伴奏,歌词朗诵。

四、活动建议

1. 可设定三分钟倒计时,采用小组比赛的方式进行活动。

2. 小组分工:搜索、撰写、修改、朗诵的同学,协作完成活动。

3. 可选择其他含有鼻韵母的歌曲。

活动七

一、活动内容

儿化的练习

二、活动目标

1. 感受儿化在语流中受前面音素影响产生的音变。

2. 掌握儿化的变化规律,读准儿化在词语、句段和绕口令中的读音。

三、活动要求

1. 请将活动材料中儿化的读音写在括号里。

学习笔记

2. 朗读活动材料中的词语、句子、绕口令，注意读准加点的儿化音节的音变。

3. 同伴相互倾听，提出改进意见。

四、活动材料

1. 月牙儿（　　）　　火苗儿（　　）　　眼皮儿（　　）
   小曲儿（　　）　　一块儿（　　）　　花园儿（　　）
   药方儿（　　）　　蛋黄儿（　　）　　脚印儿（　　）
   羊群儿（　　）　　写字儿（　　）　　高枝儿（　　）

2. 小山把济南围了个圈儿（　　），只有北边缺着点口儿（　　）。
   小个儿（　　）的就像小纽扣儿（　　）那么一丁点儿（　　）。
   空气中飘荡着一种大海和田禾相混合的香味儿。（　　）

3. <center>练字音儿</center>

   进了门儿，倒杯水儿，
   喝了两口儿运运气儿，
   顺手拿起小唱本儿，
   唱了一曲儿又一曲儿，
   练完嗓子练嘴皮儿。
   绕口令儿，练字音儿，
   还有单弦儿牌子曲儿，
   小快板儿，大鼓词儿，
   越说越唱越带劲儿。

——选自：张慧.绕口令.3版.北京：中国传媒大学出版社，2018：173.

活动八

一、活动内容

韵母综合练习

二、活动目标

1. 能准确听辨韵母，掌握易错韵母的辨正要领和儿化的音变规律。

2. 能用标准的韵母读音朗读韵母、词语、绕口令和文章句段。

3. 感受普通话韵母的吐字规范美。

三、活动要求

1. 朗读活动材料中的词语、绕口令和文章句段，体会韵母发音部位和发音方法的变化，声音清晰洪亮。

2. 录音并倾听自己的发音，发现错误或不规范的读音及时改正。

3. 同伴相互倾听，提出改进建议。

四、活动材料

1. 韵母对比辨正。

o—e—ê　　　　　　ü—i　　　　　　　　　　o—uo

i—ie—ü—üe　　　　ei—uei—ao—iao—ou—iou　　en—eng—in—ing

un—en—ün　　　　ueng—eng—ong

2. 多音节词语对比辨正。

下坡（xiàpō）——下河（xiàhé）

距离（jùlí）——躯体（qūtǐ）

或者（huòzhě）——波折（bōzhé）

解决（jiějué）——急剧（jíjù）

内外（nèiwài）——慰问（wèiwèn）

摇手（yáoshǒu）——芍药（sháoyao）

分明（fēnmíng）——奉命（fèngmìng）

辛勤（xīnqín）——心情（xīnqíng）

轻盈（qīngyíng）——证明（zhèngmíng）

金银（jīnyín）——晶莹（jīngyíng）

成品（chéngpǐn）——镇静（zhènjìng）

海豚（hǎitún）——思忖（sīcǔn）

公文（gōngwén）——农村（nóngcūn）

主人翁（zhǔrénwēng）——缝纫（féngrèn）

3. 绕口令。

（o—e）　　　　　　**老伯和老何**

河边住着老伯，

船上住着老何。

老伯上船找老何，

老何上岸找老伯。

老伯爱唱歌，

荒腔走板也乐呵。

老何不爱唱歌，

看着老伯乐呵也乐呵。

——选自：张慧 . 绕口令 . 3 版 . 北京：中国传媒大学出版社，2018：146.

学习笔记

（i—ü）　　　　　学语言

学语言，用语言，
学好语言，说话不费难。
播音员学语言，
说话亲切又自然。
演员学语言，
台词传得远。

——选自：张慧.绕口令.3版.北京：中国传媒大学出版社，2018：148.

（u—uo）　　　　　颠倒歌

太阳从西往东落，
听我唱个颠倒歌。
天上打雷没有响，
地下石头滚上坡。
江里骆驼会下蛋，
山里鲤鱼搭成窝。

——选自：张慧.绕口令.3版.北京：中国传媒大学出版社，2018：80-81.（有改动）

（ei—uei）　　　蝴蝶围着砖堆飞

红砖堆，青砖堆。
砖堆旁边蝴蝶飞。
蝴蝶围着砖堆飞，
飞来飞去钻砖堆。

——选自：张慧.绕口令.3版.北京：中国传媒大学出版社，2018：90.

（ong—ing—eng）　　俩木桶

东边一口井，
西边一口井。
井上一盏灯，
灯下没有影。
来了一个人，
手提俩木桶。
东边打一桶，
西边打一桶。
从夏打到冬，
水不满一桶。

——选自：张慧.绕口令.3版.北京：中国传媒大学出版社，2018：104.

4. 文章句段。

　　造纸术的发明，是中国对世界文明的伟大贡献之一。

　　早在几千年前，我们的祖先就创造了文字。可那时候还没有纸，要记录一件事情，就用刀把文字刻在龟甲和兽骨上，或者把文字铸刻在青铜器上。后来，人们又把文字写在竹片和木片上。这些竹片、木片用绳子穿起来，就成了一册书。但是，这种书很笨重，阅读、携带、保存都很不方便。古时候用"学富五车"形容一个人学问高，是因为书多的时候需要用车来拉。再后来，有了蚕丝织成的帛，就可以在帛上写字了。帛比竹片、木片轻便，但是价钱太贵，只有少数人能用，不能普及。

节选自《纸的发明》

　　——选自：国家语委普通话与文字应用培训测试中心.普通话水平测试实施纲要（2021年版）.北京：语文出版社，2022：456.

　　剪完了，它让阳光来住，这个孩子突然接着说一句。他仰向我的小脸，被风吹着，像只通红的小苹果。我怔住，抬头看树，那上面，果真的，爬满阳光啊，每根枝条上都是。失与得，从来都是如此均衡，树在失去叶子的同时，却承接了满树的阳光。

节选自丁立梅《孩子和秋风》

　　——选自：国家语委普通话与文字应用培训测试中心.普通话水平测试实施纲要（2021年版）.北京：语文出版社，2022：392.

　　曲曲折折的荷塘上面，弥望的是田田的叶子。叶子出水很高，像亭亭的舞女的裙。层层的叶子中间，零星地点缀着些白花，有袅娜地开着的，有羞涩地打着朵儿的；正如一粒粒的明珠，又如碧天里的星星，又如刚出浴的美人。微风过处，送来缕缕清香，仿佛远处高楼上渺茫的歌声似的。这时候叶子与花也有一丝的颤动，像闪电般，霎时传过荷塘的那边去了。叶子本是肩并肩密密地挨着，这便宛然有了一道凝碧的波痕。叶子底下是脉脉的流水，遮住了，不能见一些颜色；而叶子却更见风致了。

节选自朱自清《荷塘月色》

　　——选自：温儒敏.语文必修上册.北京：人民教育出版社，2016：109.

1. 通过本项目的学习，你觉得自己掌握的易错韵母有哪些？

2. 请梳理本项目几组韵母的辨正有哪些切实可行的方法，与老师、同学交流。

方法一：

方法二：

方法三：

方法四：

……

3. 请用思维导图梳理儿化韵的变化规律，与老师、同学交流。

4. 朗读下列作品。请运用韵母的辨正要领，读准作品韵母；尝试发现同学的韵母读音问题，提出纠正方法。

编花篮儿

大热天儿，挂竹帘儿，

歪脖儿树下有个小妞儿编花篮儿。

一编编个玉花篮儿，

里面插着牡丹花儿、玫瑰花儿，

还有菊花儿、海棠花儿。

——选自：张慧.绕口令.3版.北京：中国传媒大学出版社，2018：169.

天津和北京

天津和北京，

两座兄弟城。

津京两字韵，

不是一个音。

津字前鼻音，

京字后鼻音。

请你仔细听，

发音要分清。

——选自：张慧.绕口令.3版.北京：中国传媒大学出版社，2018：153-154.

《论语》十二章（节选）

子曰："学而时习之，不亦说乎？有朋自远方来，不亦乐乎？人不知而不愠，不亦君子乎？"（《学而》）

曾子曰："吾日三省吾身：为人谋而不忠乎？与朋友交而不信乎？传不习乎？"（《学而》）

子曰："温故而知新，可以为师矣。"（《为政》）

子曰："学而不思则罔，思而不学则殆。"（《为政》）

子曰："知之者不如好之者，好之者不如乐之者。"（《雍也》）

子曰："三人行，必有我师焉。择其善者而从之，其不善者而改之。"（《述而》）

子夏曰："博学而笃志，切问而近思，仁在其中矣。"（《子张》）

——选自：温儒敏.语文七年级上册.北京：人民教育出版社，2016：50-52.

如梦令

[宋]李清照

常记溪亭日暮，沉醉不知归路。

兴尽晚回舟，误入藕花深处。

争渡，争渡，惊起一滩鸥鹭。

天上的街市

郭沫若

远远的街灯明了，

好像闪着无数的明星。

天上的明星现了，

好像点着无数的街灯。

我想那缥缈的空中，
定然有美丽的街市。
街市上陈列的一些物品，
定然是世上没有的珍奇。
你看，那浅浅的天河，
定然是不甚宽广。
那隔着河的牛郎织女，
定能够骑着牛儿来往。
我想他们此刻，
定然在天街闲游。
不信，请看那朵流星，
是他们提着灯笼在走。

——选自：温儒敏.语文七年级上册.北京：人民教育出版社，2016：118-119.

 拓展提升

1. 请扫描二维码，了解韵母 an—ang、en—eng 和 in—ing 的辨音字类推表。
2. 关于《百家姓》。

《百家姓》是一篇关于中文姓氏的文章，按文献记载，成文于北宋初，本是北宋初年钱塘（今属浙江）的一个书生编撰的蒙学读物。

《百家姓》采用四言体例，对姓氏进行了排列，而且句句押韵。虽然它的内容没有文理，只是将常见的姓氏编成四字一句的韵文，但它像一首四言诗，便于诵读和记忆，在中国姓氏文化的传承、中国文字的认识等方面都起了巨大作用，因此，流传至今，影响深远。

百家姓（节选）

赵钱孙李	周吴郑王	冯陈褚卫	蒋沈韩杨
朱秦尤许	何吕施张	孔曹严华	金魏陶姜
戚谢邹喻	柏水窦章	云苏潘葛	奚范彭郎
鲁韦昌马	苗凤花方	俞任袁柳	酆鲍史唐
费廉岑薛	雷贺倪汤	滕殷罗毕	郝邬安常
乐于时傅	皮卞齐康	伍余元卜	顾孟平黄
和穆萧尹	姚邵湛汪	祁毛禹狄	米贝明臧
计伏成戴	谈宋茅庞	熊纪舒屈	项祝董梁
杜阮蓝闵	席季麻强	贾路娄危	江童颜郭
梅盛林刁	钟徐邱骆	高夏蔡田	樊胡凌霍

虞万支柯　昝管卢莫　经房裘缪　干解应宗
丁宣贲邓　郁单杭洪　包诸左石　崔吉钮龚

3. 请扫描二维码，了解普通话水平测试的流程和成绩评定。

学习评价

本项目学习完成，请根据下表要求完成评价，可采用自评与他评的方式评价。

韵母评价表

班级_____　姓名_____　小组成员_____

评价项目及分值（100分）	评价指标	评价分值			得分
倾听（20分）	⊙能集中注意力地听。 ⊙能听清楚内容和意思。	16～20分	10～15分	0～9分	
表达（80分）	⊙能找准韵母的发音部位，运用正确的发音方法，发准韵母"o、e""i、ü""o、u与uo、ou""i、ü与ie、üe""ei、ui""ɑo、ou与iɑo、iou""en、in与eng、ing""un、en""ong、eng、ueng"的音。 ⊙能准确运用儿化的变化规律，读准字音。 ⊙声音洪亮清晰，语速适中。	64～80分	48～63分	0～47分	
综合评语	自评： 他评：				

反思感悟 ▶▶▶▶

亲爱的同学：通过本项目的学习，相信你已经有了不少收获，请根据下列提示做个记录吧。

1. 我学到的知识有：

_____
_____
_____
_____

2. 我学会的本领是：

3. 我还希望学习的是：

项目 5
语音发声技巧

情境描述

　　本学期小燕同学参加了期待已久的跟岗实习，她每天都积极地到跟岗班级协助班级教师开展一天的工作，工作起来也感觉有使不完的劲儿。她最喜欢的是户外独立带班活动，因为这样和小朋友交流的机会多，感觉自己更像一位老师。但每次活动以后她总觉得嗓子不太舒服，遇到这样的情况，她会赶紧喝些水，症状就缓解了一些，但第一周后她的声音就有些嘶哑了，她很着急，到底该怎么办呢？

　　你知道小燕同学为什么会这样吗？她应该怎么办呢？

学习目标

1. 能说出呼吸及发声的正确方法，并能用正确的方法发声。
2. 能初步辨识嗓音的问题，养成良好的用嗓习惯。
3. 养成坚持自我练习的学习品质。

学习探索

1. 请扫描二维码听音频，感受不同的声音。

2. 以"声音是怎么发出来的"为主题，说说自己发声的感受。

学习笔记

保育师在实际工作中有时需要放大声音或者改变声音的状态进行语言表达，因此，需要学会发声技巧，满足工作的需要。语音的发声技巧包括呼吸技巧、共鸣技巧和拟声技巧。

一、呼吸技巧

好的呼吸状态是良好发声的基础。一般情况下，呼吸的方法包括胸式呼吸法、腹式呼吸法、胸腹式联合呼吸法三种，前两种为生活中的自然呼吸方法，后一种为语言工作者常用的呼吸方法。

（一）呼吸的方法

1. 胸式呼吸法

胸式呼吸法是常见的一种呼吸方法，以肋间肌运动为主，吸气时明显感觉胸部扩张。

2. 腹式呼吸法

腹式呼吸是通过加大横膈膜的活动、减少胸腔的运动来完成的。吸气时，最大限度地向外扩张腹部，胸部保持不动；呼气时，最大限度地向内收缩腹部，胸部保持不动。

3. 胸腹式联合呼吸法

胸腹式联合呼吸需胸腔、膈肌、腹肌联合控制气息，呼吸时腰部周围扩张，肋骨上移，横膈膜收缩下降，胸腔上下、周围容量扩大（图1-6）。这种呼吸活动范围大，伸缩性强，有利于气息均衡、平稳地呼出。胸腹式联合呼吸能更轻松地发声。

呼吸的方法

想一想

你注意过自己发音时的体态吗？关注过呼吸与发音有什么联系吗？

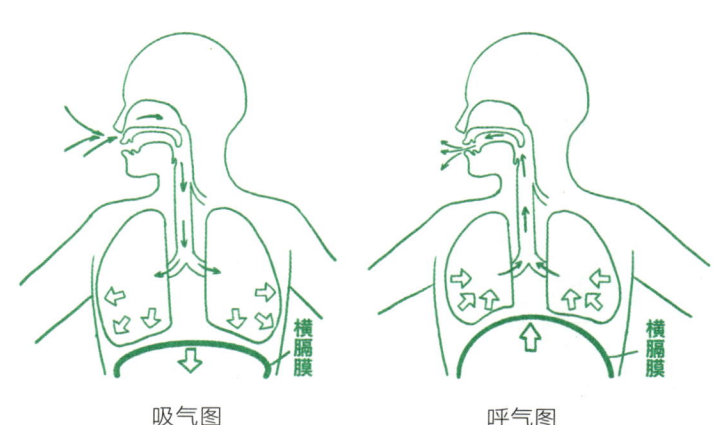

吸气图　　呼气图

图1-6　吸气图、呼气图

(二) 呼吸的要领

为了使声音能更响亮、圆润、持久，可以用语言工作者常用的胸腹式联合呼吸法进行练习，为气息均衡、平稳地呼出打好基础。

1. 姿势

站姿：身体直立，双脚微微分开站稳，重心落在双脚上，挺直腰部，身体微微向前倾，两眼平视前方，两肩放松，双手自然下垂。

坐姿：端坐于凳子 1/3 或 1/2 处，挺直腰部，身体微微向前倾，两眼平视前方，两肩放松，双手自然下垂。

2. 吸气

精神饱满，像闻花香一样用口或鼻，或口、鼻同时将气吸入气管到肺，吸气时要平稳、均匀、放松，不要抬肩，感到整个身体松弛和舒展，腹部、腰部有膨胀感，注意不要吸得太满。

3. 呼气

均匀地、缓慢地呼出气流，尽量保持两肋张开、有支撑感，腹部、腰部有收缩感。着重体会在呼吸肌的配合下，靠腹肌收缩往外送气流的感觉，特别是收腹呼气的感觉。

4. 换气

换气是言语活动中自然的呼吸状态，吸入的气用完后再次吸入，就是换气。换气一般有两种表现情况：一是在言语表达时根据自身呼吸的情况，自然进行短暂的停顿，从而保证语言的连贯性；二是根据语言表达的需要，在非自然换气的地方进行停顿换气，增强语言的表达效果。因此，在言语表现时有慢吸慢呼、快吸快呼、快吸慢呼等情况。

二、共鸣技巧

(一) 声音共鸣的概念

声音的共鸣现象对人类的语音有着非常重要的作用。声音共鸣指发音体因受到与本身振动频率相同的音波的影响而产生自然发音的现象。声带是发音器官的主要部分，由声带发出的声音是比较弱的，但当气流经过喉腔、咽腔、口腔、鼻腔和胸腔时，这些器官和声带振动的频率正好相同，就产生了共鸣现象，这样不仅会放大原有声音，还会产生各种不同音质的声音。学会运用声音共鸣会让声音更加响亮、圆润、持久。

(二) 声音共鸣的方法

口腔、鼻腔是言语发声时共鸣的主要腔体，口腔不仅是发声的通道，还有

学习笔记

什么是共鸣

扩大音响的功能。

1. 身体姿势

背部挺直而舒展,颈部直立、放松,胸部自然放松,不故意挺胸,双手自然下垂。

2. 共鸣部位

共鸣部位一般分为上、下两部分。上部:鼻腔、头腔的共鸣,声音比较响亮、高亢,共鸣时感觉鼻腔、眉心有振动。下部:口腔及以下器官的共鸣,声音比较丰满、圆润,共鸣时感觉口腔有振动。喉腔以下器官的共鸣,声音比较浑厚、低沉,发音时感觉胸腔有振动。

3. 共鸣方法

我们可以通过调节舌头的高低、前后变化,以及口腔的大小,使口腔、鼻腔等不同的腔体实现共鸣。

发音前,面带微笑,适当打开大牙,吸气时口腔有凉凉的感觉,喉部、舌根、下巴放松,目的是让口腔形成一个较大的共振空间;吸气后,腰部有膨胀感。发声时,下巴放松,打开牙关,喉部放松,提颧肌、颊肌、笑肌,嘴角上提,将腹部气息推送至口腔,感觉有一束声音从小腹经咽部沿着硬腭前部冲击。实际发声时,吸气、发声是一个连续的过程,因此,声音共鸣是必须经过长期的训练才能形成条件反射的机能反应。

我们在生活中用口腔、鼻腔共鸣较多。例如,发"ng"音时,可以先张开双唇发音,这时候用手指轻触鼻翼,能感受到鼻腔的振动,这就是鼻腔共鸣;然后轻轻闭上双唇再发音,这时候除了能感受到鼻腔的振动,还能感受到双唇及口腔上部的微微振动,声音较开口发音时更浑厚、响亮,这就是口腔和鼻腔一起共鸣的作用。

三、拟声技巧

拟声是根据语言表达的需要对不同声音状态的模仿,能使语言表达更加生动、形象,使人产生身临其境的感觉。保育师在工作中,特别是在进行幼儿文学作品的示范时常常会用到拟声技巧。常用的有以下几种。

(一) 柔声

柔声是一种松弛的声音状态,面带微笑,语速适中,声音轻柔,常用于温暖、抒情、亲切、慈爱等语境。如:"摇呀摇,摇到外婆桥……"用柔和的声音营造出温馨的入睡环境。

(二) 气声

发音时声门收缩,音色晦暗不实,能听到气息的声音,是一种气大于声的

拟声的技巧

声音，常用于表达惊讶、猜疑、虚弱的语言状态或是描绘耳语、安静、虚幻的情景。如："只见他蹑手蹑脚地走了进来。"用气息量较大、音量较小的声音表现出人物动作轻、不敢出大气的状态。

（三）笑语

发声时面带微笑，有时会夹杂着笑声说话，常用于表达愉悦或嘲笑两种不同的情景。如："哈哈，我抓住你了。"带着笑声去演绎，会把玩耍过程中的喜悦表现出来。

（四）泣声

用带哭泣的状态发音，根据不同的哭泣状态，有不同的发音状态。语言表达时有抽泣声，常用于表达忧伤、痛苦、哀愁的情绪。如："妈妈，不要走，不要走！"用哭泣的状态读，能表现出幼儿难以控制自己的情绪时哭喊的情形。

（五）颤音

声门快速交替地打开和关闭，使声音颤抖，常用于表现病弱、害怕、紧张或激动的状态。如："好冷呀！"字音的颤动，表现出因寒冷导致不能用正常的声音状态说话的情形。

（六）拖腔

拖腔表现为将某些字音拖长，常用于回忆、迟疑等语言状态，也可用于人体弱气虚的状态或者回音现象。如："在——很——久——很久——以——前。"字音的拉长，能增强时代久远的感觉。

（七）拟声

模拟生活中的某种声响，而不是按照一般文字一字一句地去读，让语言表达更生动。如："滴答滴答，下小雨了。"读"滴答"的时候需要读得短促、有弹性，描绘出水滴下落的状态。

除了以上的拟声技巧，在文学作品中不同的人物性格，不同的时间、空间变化等，也需要我们模拟不同的声音去表现。比如，老年人与小孩儿、男人与女人、健康人与体弱者、平和与暴躁、悲伤与愉悦、放松与紧张等。因此，我们还应该在生活与学习中关注并储备丰富的语言表达资源，提升自我语言的表现力。

四、护嗓技巧

（一）嗓音诊断

正常的声音应该是发音轻松、清晰、干净的，那怎样发现嗓音有问题呢？可以通过以下现象进行判断。

 学习笔记

 运用提示

在实际运用时不一定单独运用拟声技巧中的一种，可以根据表达内容的需要，选择两种或两种以上技巧叠加运用。

第一,发音时声音沙哑、干涩。

第二,用嗓或长时间用嗓后感觉嗓子疼痛,声音嘶哑。

第三,在进行正常的生活交流时,感觉必须用力才能扩大音量。

第四,平时说话非常吃力,用劲说时声音也时有时无。

(二)护嗓策略

第一,养成良好的用嗓习惯,学会用气带声、微笑发声的发音方法,用嗓时不吼叫、不长时间大笑。

第二,加强体育锻炼,注意饮食健康,少食用辛辣、冰凉的食品,特别注意在剧烈运动后不立即喝冰凉的饮品,减少声带疾病的发生。

第三,女孩子在生理期,要注意防护,避免感冒、咳嗽。

第四,嗓子不舒服时要及时就医,尽量小声说话,严重时应禁声。

第五,长时间用嗓时不宜用过多的强音。

第六,随时关注自己用嗓的情况,一旦发现问题及时就医。

实训活动

活动一

一、活动内容

吹不灭的蜡烛

二、活动目标

1. 能体会呼吸时气流的走向。

2. 能感受参与呼吸时各部位的变化。

3. 能说出呼吸时的感受。

三、活动要求

1. 保持正确的站姿或坐姿,精神饱满。

2. 选择安静、舒适的环境。

3. 吸气:缓慢地吸气,感觉腰部、腹部的膨胀,不用吸得太满。

4. 呼气:噘嘴留一小口,想象正前方一臂处有一支燃烧的蜡烛,缓缓地呼出气流,使火苗微微闪动,腰部、腹部随气流的呼出慢慢放松。

四、活动建议

1. 呼气时可以发"si"音,听听气息是否均匀。

2. 呼气时拿一张纸放在离嘴大约20厘米的地方,观察纸的运动幅度,不能让纸有大幅度翻动。

3. 记录呼气时间，经过一段时间的练习之后，比较一下气息是否更加稳定与持久。

五、辅助活动

1. 平躺呼吸：仰面平躺在床上，两腿自然平伸，如同睡觉，自然进行呼吸，双手在胸腔、腹部两肋、腰部四周，体会各部位的正确呼吸动作。
2. 运动呼吸：运动后在急促呼吸状态中，观察呼吸部位的变化。
3. 快呼快吸：快速地吸气呼气，锻炼横膈膜的力量，感受腹部的弹动。

活动二

一、活动内容

数数

二、活动目标

1. 能体会呼吸时气流的走向。
2. 能感受参与呼吸时各部位的变化。
3. 能说出呼吸时的感受。

三、活动要求

1. 保持正确的站姿或坐姿，精神饱满。
2. 选择安静、舒适的环境。
3. 按照吸气—保持—数数的流程练习。
4. 吸气：缓慢地吸气，感觉腰部、腹部的膨胀，不用吸得太满。
5. 保持：吸气后，保持一会儿（根据情况逐步增加时间：3秒、5秒、10秒）。
6. 数数：面带微笑，用自然的声音有节奏（一秒一音）地数数："1，2，3，4，5，6，7，8…"直至吸的气用完，感受声音的弹性。
7. 中途不换气，保证数字之间语音规整、声音圆润集中、音高一致、力度一致；出声则出气。开头的数字气不冲、声不紧，近尾的数字气不憋、声不嘶。
8. 一次呼吸完成一次数数，循环往复练习。注意每次呼气时不要吐尽，要留二分，以保持气息的均匀。

四、活动建议

数字也可以换成单韵母音节的汉字，连续对一个字音进行发音。

如：

它、它、它、它、它……

拉、拉、拉、拉、拉……

巴、巴、巴、巴、巴……

活动三

一、活动内容

数旗

二、活动目标

1. 能体会呼吸时气流的走向。

2. 能自然、清晰地完成《数旗》的内容。

3. 能感受朗读时呼吸器官的运动状态。

三、活动要求

1. 保持正确的站姿或坐姿，精神饱满。

2. 选择安静、舒适的环境。

3. 吸气：缓慢地吸气，感觉腰部、腹部的膨胀，不用吸得太满。

4. 呼气时念《数旗》的内容，直至气息用完。

5. 第一句有节奏，第二句速度加快一倍。

6. 省略号以后的内容可以增加，但不单纯追求数数的多少，重点应在感受呼吸发声的控制力。

四、活动材料

数旗

广场上，飘红旗，看你能数多少面旗。

一面旗，两面旗，三面旗，四面旗，

五面旗，六面旗，七面旗，八面旗，

九面旗，十面旗，十一面旗，十二面旗，十三面旗……

——选自：张慧.绕口令.3版.北京：中国传媒大学出版社，2018：205.（有改动）

五、活动建议

1. 建议分两种方式完成：一是在第一句念完后呼吸一次，再念后面的内容；二是吸一口气尽可能完成更多的内容。

2. 拓展练习内容。

数葫芦

田野里，葫芦多，看你能数多少个，

一个葫芦、两个葫芦、三个葫芦、四个葫芦、五个葫芦、六个葫芦、

七个葫芦、八个葫芦、九个葫芦、十个葫芦、十一个葫芦、十二个葫芦……

活动四

一、活动内容
一树枣儿

二、活动目标
1. 能感受快呼快吸的方法。
2. 能根据自身呼吸状况找到换气点。
3. 能快速、清晰、有节奏地完成《一树枣儿》的内容。

三、活动要求
1. 保持正确的站姿或坐姿，精神饱满。
2. 选择安静、舒适的环境。
3. 吸气：口、鼻快速地吸气，感觉腰部、腹部的膨胀，不用吸得太满。
4. 呼气时念《一树枣儿》的内容，直至气息用完。

四、活动材料

一树枣儿

出东门，过大桥，大桥底下一树枣儿。拿着竿子去打枣儿，青的多，红的少。一个枣儿、两个枣儿、三个枣儿、四个枣儿、五个枣儿、六个枣儿、七个枣儿、八个枣儿、九个枣儿、十个枣儿、九个枣儿、八个枣儿、七个枣儿、六个枣儿、五个枣儿、四个枣儿、三个枣儿、两个枣儿、一个枣儿。这是一个绕口令，一口气说完才算好。

——选自：张慧.绕口令.3版.北京：中国传媒大学出版社，2018：205-206.

五、活动建议
1. 先试读一下，在换气处用"∨"（符号）做好换气标志，用四口气读完《一树枣儿》。
2. 逐步减少换气次数，读完《一树枣儿》。
3. 尝试用一口气读完《一树枣儿》。

活动五

一、活动内容
共鸣基础练习1

二、活动目标
1. 能根据不同字音，感受舌位、唇形、口腔大小的变化。
2. 能准确发响不同字音，感受口腔、胸腔的共鸣。
3. 能大胆地进行练习。

学习笔记

三、活动要求

（一）高音共鸣

1. 精神饱满，以自己感觉舒适的高音状态发响不同的字音。

2. 按照三种形式发延长音：

第一种：吸一次气，用自然的声音发响字音，保持声音音量一致；

第二种：吸一次气，用渐强（先小后大）的声音发响字音；

第三种：吸一次气，用弱—强—弱的声音发响字音。

3. 三种形式依序练习，发音时感受脸颊的振动。

4. 发音时喉头不要使劲，口腔有一定空间，感觉是用腹部的力量将声音经口腔送出来，能感受到声音的集中、明亮、放大。

（二）中、低音共鸣

1. 精神饱满，按照两种不同的形式发延长音。

第一种：吸一次气，保持第一组发音时的口腔状态，放松喉头，降低声音发响不同的字音，感受胸腔的振动。

第二种：吸一次气，用从高到低的声音发响字音，感受胸腔共鸣的增强。

2. 两种形式依序练习。

四、活动材料

阿——

喔——

呃——

衣——

呜——

迂——

五、活动建议

1. 选择活动材料中自己喜欢的字音，以节奏舒缓的歌曲或乐曲旋律为音高进行共鸣练习。

2. 歌曲、乐曲推荐：《今天是你的生日》《声声慢》《送别》……

活动六

一、活动内容
共鸣基础练习 2

二、活动目标

1. 能根据不同字音，感受舌位、唇形、口腔大小的变化。

2. 能在不同的发音变化中感受鼻腔振动的强弱。

3. 能大胆地进行练习。

三、活动要求

1. 精神饱满，以自己感觉舒适的高音状态发响不同的字音。

2. 用一口气完成一组音节，每个音节短促、有力，感觉有气流冲击硬腭，手轻放于鼻翼处，感受是否有振动以及振动幅度。

3. 每个音节的音量保持一致。

四、活动材料

bā、bā、bā、bī、bī、bī、bū、bū、bū

pā、pā、pā、pī、pī、pī、pū、pū、pū

mā、mā、mā、mī、mī、mī、mū、mū、mū

bā、pā、mā、bā、pā、mā、bā、pā、mā

bī、pī、mī、bī、pī、mī、bī、pī、mī

bū、pū、mū、bū、pū、mū、bū、pū、mū

bā、bī、bū、bā、bī、bū、bā、bī、bū

pā、pī、pū、pā、pī、pū、pā、pī、pū

mā、mī、mū、mā、mī、mū、mā、mī、mū

五、活动建议

1. 可以将活动材料中的声母、韵母更换成其他的声母和韵母（复韵母、鼻韵母）进行练习，尽量感受不同的共鸣状态。

2. 多用阴平声调进行练习，这样有利于更好地体会声音和气息。

活动七

一、活动内容

词句共鸣练习

二、活动目标

1. 能清晰、洪亮、准确地朗读词语和语句。

2. 能辨别声音的共鸣质量。

3. 能坚持进行练习。

三、活动要求

1. 读音标准，对易错的字词做好标记，避免语音错误。

2. 结合归音吐字的要求，清晰、洪亮地读词语和语句。

3. 找准发音部位，感受唇形、舌位的变化以及声音的响度。

4. 读一词、一句，呼吸一次。

四、活动材料

（一）词语

沙发　　喇叭　　蜡笔　　依次　　集体　　特色　　鼻涕　　激励

谜语　　祝福　　衣帽　　初步　　素材　　奇妙　　下雨　　区域

练习　　单位　　活动　　保健　　洪亮　　赛道

斗志昂扬　　百炼成钢　　翻江倒海　　火树银花　　雄心壮志

推陈出新　　信心百倍　　瓜田李下　　花好月圆　　慷慨激昂

兵强马壮　　风平浪静

（二）诗歌

绝句

[唐]杜甫

两个黄鹂鸣翠柳，一行白鹭上青天。

窗含西岭千秋雪，门泊东吴万里船。

登鹳雀楼

[唐]王之涣

白日依山尽，黄河入海流。

欲穷千里目，更上一层楼。

春节童谣

小孩小孩你别馋，

过了腊八就是年。

腊八粥，喝几天，

哩哩啦啦二十三。

二十三，糖瓜粘。

二十四，扫房子。

二十五，磨豆腐。

二十六，去买肉。

二十七，宰公鸡。

二十八，把面发。

二十九，蒸馒头。

三十晚上熬一宿，

初一初二满街走。

——选自：温儒敏.语文一年级上册.北京：人民教育出版社，2016：114.（本文是传统童谣，由王文宝搜集整理，选作课文时有改动）

五、活动建议

1. 练习时注意发音器官的相互配合，音量不宜过大，也不宜长时间练习，一般10分钟左右可以稍休息一下再练习。

2. 可以将活动材料中的内容替换成自己熟悉的作品进行练习。

活动八

一、活动内容

模仿秀

二、活动目标

1. 能准确听辨活动材料中不同的拟声技巧。

2. 能分析活动材料中拟声技巧的运用。

3. 能模仿活动材料中不同的声音状态。

三、活动要求

1. 认真倾听作品1～2遍，感受拟声技巧。

2. 记录活动材料的内容，将运用拟声技巧的地方勾画出来。

3. 分析为什么会这样运用拟声技巧。

4. 模拟活动材料进行朗读，体验拟声技巧的运用。

四、活动材料

活动九

一、活动内容

自导自演

二、活动目标

1. 能根据活动材料的内容，尝试设计拟声。

2. 能说出选择某种拟声的原因。

3. 能根据设计的拟声进行展示。

三、活动要求

1. 选择作品，认真研读、分析作品。

2. 根据作品内容设计拟声，并小组讨论。

3. 各小组分享设计，并推选组员在全班展示。

4. 评价展示内容。

四、活动材料

青蛙写诗

张秋生

下雨了，

雨点儿淅沥沥，沙啦啦。

青蛙说："我要写诗啦！"

小蝌蚪游过来说：

"我要给你当个小逗号。"

池塘里的水泡泡说：

"我能当个小句号。"

荷叶上的一串水珠说：

"我们可以当省略号。"

青蛙的诗写成了：

"呱呱，呱呱，

呱呱呱。

呱呱，呱呱，

呱呱呱……"

——选自：温儒敏.语文一年级上册.北京：人民教育出版社，2016：84-85.（选作课文时有改动）

坐井观天

青蛙坐在井里。小鸟飞来，落在井沿上。

青蛙问小鸟："你从哪儿来呀？"

小鸟回答说："我从天上来，飞了一百多里，口渴了，下来找点儿水喝。"

青蛙说："朋友，别说大话了！天不过井口那么大，还用飞那么远吗？"

小鸟说："你弄错了。天无边无际，大得很哪！"

青蛙笑了，说："朋友，我天天坐在井里，一抬头就能看见天。我不会弄错的。"

小鸟也笑了，说："朋友，你是弄错了。不信，你跳出井来看一看吧。"

——选自：温儒敏.语文二年级上册.北京：人民教育出版社，2017：58-59.（本文根据《庄子·秋水》相关内容改写）

狐假虎威

在茂密的森林里，有一只老虎正在寻找食物。一只狐狸从老虎身边窜过。老虎扑过去，把狐狸逮住了。

狐狸眼珠子骨碌碌一转，扯着嗓子问老虎："你敢吃我？"

"为什么不敢？"老虎一愣。

"老天爷派我来做你们百兽的首领，你吃了我，就是违抗了老天爷的命令。我看你有多大的胆子！"

老虎被蒙住了，松开了爪子。

狐狸摇了摇尾巴，说："我带你到百兽面前走一趟，让你看看我的威风。"

老虎跟着狐狸朝森林深处走去。狐狸神气活现，摇头摆尾；老虎半信半疑，东张西望。

森林里的野猪啦，小鹿啦，兔子啦，看见狐狸大摇大摆地走过来，跟往常很不一样，都很纳闷。再往狐狸身后一看，呀，一只大老虎！大大小小的野兽吓得撒腿就跑。

老虎信以为真。其实他受骗了。原来，狐狸是借着老虎的威风把百兽吓跑的。

——选自：温儒敏．语文二年级上册．北京：人民教育出版社，2017：99-101.（本文根据《战国策·楚策一》相关内容改写）

> 学习笔记

巩固练习

1. 请将主要的发音器官用简笔画的形式画出来。

2. 请梳理声音共鸣的要领，与同学交流。

3. 请朗读下列作品。要求能读准字音，感受共鸣；尝试发现同学的发音问题，并提出纠正方法。

黄河颂

光未然

（朗诵词）

啊，朋友！

黄河以它英雄的气魄，

出现在亚洲的原野；

它表现出我们民族的精神：

伟大而又坚强！

这里，

我们向着黄河，

唱出我们的赞歌。

（歌词）

我站在高山之巅，

望黄河滚滚，

奔向东南。

惊涛澎湃，

掀起万丈狂澜；

浊流宛转，

结成九曲连环；

从昆仑山下

奔向黄海之边；

把中原大地

劈成南北两面。

啊！黄河！

你是中华民族的摇篮！

五千年的古国文化，

从你这儿发源；

多少英雄的故事，

在你的身边扮演！

啊！黄河！

你是伟大坚强，

像一个巨人

出现在亚洲平原之上，

用你那英雄的体魄

筑成我们民族的屏障。

啊！黄河！

你一泻万丈，

浩浩荡荡，

向南北两岸

伸出千万条铁的臂膀。

我们民族的伟大精神，

将要在你的哺育下

发扬滋长！

我们祖国的英雄儿女，

将要学习你的榜样，

像你一样的伟大坚强！

像你一样的伟大坚强！

——选自：温儒敏.语文七年级下册.北京：人民教育出版社，2016：28-30.

4. 请根据作品内容，合理设计拟声技巧，并朗读；注意普通话语音标准。

刘胡兰

1947年1月12日，天阴沉沉的，国民党反动派包围了云周西村。由于叛徒的出卖，年轻的共产党员刘胡兰被捕了，关在一座庙里。

敌人想收买刘胡兰，对她说："告诉我村子里谁是共产党员，说出一个，给你一百块钱。"刘胡兰大声回答："我不知道！"敌人又威胁她说："不说就枪毙你！"刘胡兰愤怒地回答："不知道！就是不知道！"敌人从刘胡兰口中什么都没有得到，恼羞成怒，把她打得鲜血直流。刘胡兰像钢铁铸成似的，一点儿也不动摇。

敌人把刘胡兰拉到庙门口的广场上，当着她和乡亲们的面，铡死了被捕的六个民兵。敌人指着血淋淋的铡刀说："不说，也铡死你！"刘胡兰挺起胸膛说："要杀要砍由你们，怕死不是共产党员！"她迎着呼呼的北风，踏着烈士的鲜血，走到铡刀前。刘胡兰光荣地牺牲了，那年她才十五岁。

毛主席听到这个消息，亲笔写了挽词。

——选自：温儒敏. 语文二年级上册. 北京：人民教育出版社，2017：78-79.（有改动）

陶行知的四块糖果

陶行知先生在育才学校当校长时，曾经发生过这样一件事情。

一天，陶行知在校园里看到学生王友用泥巴砸自己班上的男同学，陶行知立即制止了他，并让他放学后到校长室来。

放学后，王友早早地来到校长室门口准备挨训。这时，陶行知走过来了。他一看到王友，就掏出一块糖果递给他，说："这是奖给你的，因为你按时来了，而我却迟到了。"王友惊愕地接过糖果，目不转睛地看着陶行知。这时，陶行知又掏出一块糖果递给王友，说："这块糖果也是奖给你的，因为当我不让你再打人的时候，你立即就住手了，这说明你很尊重我，我应该奖励你。"王友更惊愕了，他不知道校长到底想干什么。

这时，陶行知又掏出一块糖果放到王友的手里说："我已经调查过了，你用泥块砸那些男生，是因为他们不守游戏规则，欺负女生。你砸他们证明你很正直善良，并且有跟坏人作斗争的勇气，应该奖励。"王友听了非常感动，他失声叫了起来："校长，你打我吧，我砸的不是坏人，而是自己的同学呀！"陶行知满意地笑了，又掏出一块糖果递给王友，说："你能正确地认识错误，这块糖果值得奖励给你。现在我已经没有糖果了，你也可以回去了。"

——选自：赵厚勰，陈竞蓉. 中国教育史教程. 武汉：华中科技大学出版社，2012：134-135.（有改动）

拓展提升

一、主持人宋世雄谈语言练习

宋世雄是中央电视台体育节目主持人、高级体育评论员，他以渊博的体育知识、精湛的转播技艺，创造了独具特色的体育评论风格。1995年被美国广播电视体育节目主持人协会评为"最佳国际广播电视体育节目主持人"，他是第一位获此殊荣的中国人。

为了能很流利地表达，我经常练习绕口令。……我记得我常说这么几段绕口令：吃葡萄吐葡萄皮儿，不吃葡萄不吐葡萄皮儿，吃葡萄不吐葡萄皮儿……由于我挺喜欢京剧，也就经常用唱"流水"、"快板"和道白来练习说话的速度。

……

通过长期的刻苦的训练，我渐渐体会到掌握播音的快口气息运用和吐字的技巧是关键。第一句话出口之前，气要吸足，用腹腔的气，减少声带的摩擦和劳损，跟唱戏一样，发出的声音自然明快，爽朗流畅。

除去练绕口令和唱戏，寻找快口中的节奏和语气以外，我还经常独自一人坐在房间里，对着墙壁，假设在转播比赛实况。一方面把那些常用的术语背得滚瓜烂熟，另一方面锻炼自己的想象力。……慢慢地，也就找到了吐字发音的规律、运气的方法，以及口舌活动的技巧。……

评点：

体育比赛的现场转播，要求主持人反应及时、快捷，语言准确精练、生动形象，声音嘹亮、有感染力。这就要求主持人有扎实的语言功夫，这功夫靠的是"长期的刻苦的训练"。宋世雄的训练目标围绕着一个字：快！为了快，他经常练习绕口令，唱京剧的"流水"、"快板"和道白，以及背诵常用的术语和转播段落，等等，以培养语感及想象力。他还通过长期训练掌握了快口气息的运气功夫。台上10分钟，台下10年功，天才出自勤奋，要做一个杰出的主持人，非下苦功演练不可。

——节选自：李元授，谈晓明，李鹏.知名主持人妙语评点.武汉：华中科技大学出版社，2005：191-192.（有改动）

二、《黄河大合唱》创作背景

《黄河大合唱》是一首经典的合唱歌曲，创作于抗日战争时期，以黄河为背景，热情地歌颂了中国人民坚定的革命信念及坚强不屈的民族精神，描述了抗日战争前后黄河两岸人民生活的巨大变化，表达了中华儿女的坚强决心和一往无前的勇气。请搜索有关《黄河大合唱》的视频观看。

 学习评价

本项目学习完成，请根据下表要求完成评价，可采用自评与他评的方式评价。

项目考核评价表（100分）　　　评价人_____

维度及分值	等级标准					得分
	一等	二等	三等	四等	五等	
学习态度（30分）	每天能坚持本课程相关学习30分钟以上。（25～30分）	每天能坚持本课程相关学习20分钟以上。（15～24分）	每天能坚持本课程相关学习10分钟以上。（10～14分）	每天参与本课程相关学习不到10分钟。（5～9分）	每天参与本课程相关学习不到5分钟。（0～4分）	
能力运用（50分）	能按要求圆满、高效地完成课堂、课后练习全部内容，并指导他人完成。（40～50分）	能按要求独立、圆满地完成课堂、课后练习全部内容。（30～39分）	能按要求完成课堂、课后练习全部内容。（20～29分）	能基本按要求完成课堂、课后练习全部内容。（10～19分）	几乎不能按要求完成课堂、课后练习全部内容。（0～9分）	

续表

维度及分值	等级标准					得分
	一等	二等	三等	四等	五等	
知识掌握（20分）	能正确、完整地描述所学的全部知识，能提出与之相关的问题进行探究。（17~20分）	能正确、完整地描述所学的全部知识。（13~16分）	能在他人指导下正确、完整地描述所学的全部知识。（9~12分）	能在他人指导下基本正确、完整地描述所学的全部知识。（5~8分）	几乎不能描述所学的知识。（0~4分）	

▶ 反思感悟 ▶▶▶▶

亲爱的同学：通过本项目的学习，相信你已经有了不少收获，请根据下列提示做个记录吧。

1. 我学到的知识有：

2. 我学会的本领是：

3. 我还希望学习的是：

项目 6
口语表达基本技巧

情境描述

小琴是一位南方姑娘,为了改掉自己的方音,她很努力地学习。经过一段时间的学习,她有了很大的进步。学校要组织技能大赛,班主任将技能大赛的内容发到了班里,鼓励同学们踊跃报名参加。其中一项比赛内容就是朗读,要求是现场抽选一篇幼儿文学作品,准备10分钟,模拟教育活动情景进行展示。同桌小丽觉得小琴的声音很好听,普通话进步也大,鼓励她试一下。

你觉得小琴应该做些什么准备才能入选呢?

学习目标

1. 能说出四种口语表达基本技巧的作用。
2. 能根据口语表达内容正确选择不同的技巧点,并用相应的标记标注。
3. 能准确运用语言技巧进行口语和作品表达。
4. 感受准确表达的语言美,提高言语表达的审美素养。

学习探索

请扫描二维码听音频,说说他们的语言有什么变化。

学习驿站

 **想一想**

在口语表达时，你会不会注意自己的表达是否让人容易理解，是否能让自己的声音充满魅力？

口语表达的目的是让他人听明白，而不是只顾自己说，有时虽然说者口若悬河，但听者仍不能清晰、准确、快速地明白其所表达的内容，因此，学会一些口语表达技巧有助于准确传递所表达的内容。口语表达的基本技巧一般包括重音、停连、语速、语调四个方面。

《保育师国家职业技能标准（2021年版）》要求保育师能通过幼儿文学作品为婴幼儿提供丰富的语言经验。从运用上看，保育师口语表达主要有日常口语表达和对幼儿文学作品的表达，学会口语表达技巧可使语言表达更具感染力。

 **学习笔记**

一、重音技巧

重音是指我们在进行言语表达时，对语句里的词进行强调处理，使表意更加明确，可以分为语法重音和强调重音两类。

（一）重音的确定

1. 根据语法性质来确定

根据句法结构确定的重音，叫语法重音，也叫一般重音。语法重音是由语句本身决定的，是在表达中自然流露出来的重点表达的音节，只是比其他音节稍重而已。根据汉语句法结构，一般有以下几种情况。

（1）宾语

如："我是中国人"中"中国人"为重音。

（2）动词、形容词前的状语

如："我太难过了"中"太"为重音。

（3）动词、形容词后的补语

如："她的绕口令说得真快"中"快"为重音。

（4）表示情况、结果、程度的状语

如："这朵花非常漂亮"中"非常"为重音。

（5）疑问代词、指示代词

如："谁让你过来的"中"谁"为重音。

（6）名词前最邻近的定语

如："她绣了一只精美的蝴蝶"中"精美"为重音。

2. 根据表达需要来确定

根据表达需要来确定的重音叫强调重音，也叫逻辑重音。它与语法没有很大的联系，是根据表达者的目的所确定的重要音节。

如："昨天张老师去草莓班看了语言活动'春来了'"中"昨天""张老师""草莓班""看""语言""春来了"都可以作为重音。具体强调的内容如下：

昨天张老师去草莓班看了语言活动"春来了"——强调时间

昨天张老师去草莓班看了语言活动"春来了"——强调人物

昨天张老师去草莓班看了语言活动"春来了"——强调地点

昨天张老师去草莓班看了语言活动"春来了"——强调行为

昨天张老师去草莓班看了语言活动"春来了"——强调活动领域

昨天张老师去草莓班看了语言活动"春来了"——强调活动内容

强调重音一般没有固定规律，有时为了突出表现对比、比喻、夸张、并列等内容，也可以把这类词作为强调的重音。如："为什么我的苹果小，你的苹果大？"中的"小"与"大"。

（二）重音的读法与标记

重音就是强调的某个字音，并不是所有读音都需要读得很重，应根据表达的目的来灵活运用。一般有下列3种读法。

为了能直观地感受，可以用一些符号来帮助我们关注这些字音。建议在重音下标注圆点（·）。

1. 重读

重读可以通过加大音量来表现，重读的音节相对其他音节来说只是稍重，不能重得让人感觉很突兀，而使表达生硬。如："你做的饭菜真是太香了！""太"的重读表现出对饭菜香味的强调。

2. 轻读

轻读可以通过减小音量来表现，在表现细腻情感的时候常用这种方式。如："用每一次心跳、每一次呼吸，由衷地、深情地说：'祖国，我爱你！'"

3. 慢读

慢读可以通过减慢速度来表现，也就是比其他音节的速度慢一些。如："这一摔不要紧，小熊把刚才背的话全都忘啦！"表现小熊摔跤后的憨态。

二、停连技巧

停连主要指用言语表达时声音的停顿或连接。如书面语言有些看似停顿的地方，在口语表达时却需要去连接。

（一）停连的确定

1. 停顿的确定

（1）根据口语表意的准确性来确定

说话时，我们会自然根据内容或者生理的需要进行停顿。如："今天下午3

点请保育员到三楼会议室开会。"我们本可以用一次呼吸完成这一句话，但为了表意清楚，我们会进行几次停顿，便于别人记住说话的关键内容。这种停顿又称强调停顿。如："今天下午3点（停）请保育员（停）到三楼会议室开会。"这样，时间、人员类别、地点就表达得更加清楚了。

（2）根据书面语言的标点符号的性质来确定

根据标点符号的性质确定停顿时间的长短，这种停顿又称语法停顿。一般停顿时间长短为：句号、叹号、问号＞分号、冒号＞逗号＞顿号。如："三只小猪真淘气，常给妈妈惹麻烦，可是妈妈从来都不生气。"

2. 连接的确定

为了口语表意的准确，可将书面语言中的语法停顿进行连接。如："糟了！糟了！月亮掉进井里了！"如果按照标点去停顿，就表现不出小猴着急的情绪。因此，两个"糟了"之间不能停顿，需要连读。

（二）停连的读法与标记

1. 声断气断

声断气断是指言语表达时，在两个语句之间明显地听到声音的停止，呼吸后再发声的情况。可以用竖线标注停顿（|）。如："今天下午3点|请保育员|到三楼会议室开会。"

2. 声断气连

声断气连是指言语表达时，在两个语句之间能感觉到声音短暂的停止，但不吸气直接发出第二个语句的情况。可以用竖线加弧线（|⌒）的方式标注。如："今天下午3点|请保育员|⌒到三楼会议室开会。"

运用提示

停连时间的长短取决于表意的需求，没有固定标准。需在积累大量的语言经验后，慢慢习得。

3. 连读

连读一般是在对书面语进行言语表达时在有标点处不停顿，进行连读，满足对完成内容的要求，可以用弧线标注（⌒）。如："'苹果、鸭梨、牛奶糖，苹果、鸭梨、牛奶糖……'小熊一边走一边叨念着。"还原真实的口头记忆方式，形象地表现出小熊反复记忆的状态。

三、语速技巧

语速指语言速度的快慢。一般来说，一个人口语速度的快慢与自身语言习惯、身体状况等相关，但是，有时也会根据表达内容与对象等的不同而选用不同的语言速度。

（一）语速的确定

1. 根据内容确定

自然的口语表达用自己舒服、正常的语速。一般一分钟可以说200～250字，如果内容多而时间有限，就必须调整呼吸，尽可能一口气多发出清晰、有效的语音。在将书面语言转化为口语时，需根据作品的内容、体裁确定基本的语速。一般而言，表现轻松、愉悦、积极的内容就比表现庄重、宁静、消极的内容速度稍快，读儿歌比读散文的速度稍快。

2. 根据环境确定

在口语表达时，要根据语言环境来确定语速。语言环境主要是指语言所处的氛围。如表现热烈、紧张、恐怖等氛围时语速较快；表现沉闷、优美、凄凉等氛围时语速较慢；在将书面语言转化为口语时，营造激烈、热闹、炽热、华丽的氛围时语速较快，营造平静、寂静、寒冷、破败的氛围时语速较慢。

3. 根据对象确定

口语表达对象为成年人、健康人时较幼儿、体弱者时语速稍快；在将书面语言转化为口语时，会用语速快慢表现人物年龄、身体状况、性格的差异。如表现年轻人较年长者语速稍快，表现健康的较体弱的语速稍快，表现开朗、爽快、刚强、急躁的性格较表现温和、沉着、柔弱、散漫的性格语速稍快。

不同的对象，运动状态也不尽相同，因此，人物动作快慢的状态、事物运动快慢的状态也应与语言状态相一致。

4. 根据情感确定

口语之所以较书面语言生动，就是因为能使人感受说话人的情感。情感是人对事物一种较持久、稳定、深刻的感受。比如，艾青的诗歌《我爱这土地》："为什么我的眼里常含泪水？因为我对这土地爱得深沉……"渐慢的语速表达了对"土地——祖国"深爱的情感。再如，表现激动、喜悦、自豪、愤怒较表现郁闷、伤感、惭愧、苦闷语速稍快。

在口语表达时除了情感，还有情绪。彭聃龄在《普通心理学》中写道："人们的感情是非常复杂的，既包括感情发生的过程，也包括由此产生的种种体验，因此用单一的感情概念难以全面表达这种心理现象的全部特征。在当代心理学中，人们分别采用个体情绪和情感来更确切地表达感情的不同方面。情绪主要指感情过程，即个体需要与情境相互作用的过程……稳定的情感是在情绪的基础上形成的，而且它又通过情绪来表达。情绪也离不开情感，情绪的变化反映情感的深度，在情绪中蕴含着情感。"[1] 语速也受不同情绪的影响。如表现生气、兴奋、着急的情绪较表现陶醉、失落、平静的情绪语速稍快。如"小狗狗'哇'的一声大哭起来：'小海鸥，我不是哑巴小狗狗，你听我说呀，我有好多话要告诉你呢……'"

---

[1] 彭聃龄：《普通心理学》（修订版），365页，北京，北京师范大学出版社，2004。

学习笔记

（二）语速的读法与标记

在口语表达时，语速的快慢是针对语句而言的速度变化，是相对的快与慢，没有绝对的量化标准，可在生活和学习中关注他人语速变化与表达的关系，积累语速运用的经验。

1. 快速或慢速

根据实际情况，进行或快或慢的处理。可以用下划线（＿＿）在需要快读的词、句处标注，用虚线（┄┄）在需要慢读的地方标注。

如：我是你河边上破旧的老水车，

数百年来纺着疲惫的歌；

……

我是你簇新的理想，

刚从神话的蛛网里挣脱；

……

——选自：温儒敏 . 语文九年级下册 . 北京：人民教育出版社，2018：2-3.

在作品《祖国啊，我亲爱的祖国》中，第一部分用缓慢的语速表现出老水车因时间久远而破败，导致运动缓慢显得"疲惫"。第二部分用稍快的语速表现出"挣脱"束缚、获得"新"生后对未来充满希望的喜悦。

2. 渐快或渐慢

渐快或渐慢是指语速逐渐加快或减慢。渐快的地方可以用实线箭头符号（──▶）标注，渐慢的地方可以用虚线箭头符号（┄┄▶）标注。

如："不，雪孩子还在呢！瞧，太阳晒着晒着，他变成了很轻很轻的水汽。飞呀，飞呀，飞上天空，变成了一朵白云，一朵美丽的白云。"

——选自：温儒敏 . 语文二年级上册 . 北京：人民教育出版社，2017：2-3.（选作课文时有改动。）

当用越来越慢的速度读出"一朵┄┄▶美丽的┄┄▶白┄┄▶云"时，就描绘出白云远离，越飞越高、越飞越远的景象，营造出蓝天白云的美好意境，也表达出小动物们对白云离去的依依不舍之情。

四、语调技巧

语调是指声音在语句中升降变化的趋势，也可以叫作腔调。它与之前学过的声调很相似，声调关注语音（字音）的升降变化，而语调关注语句（句子）的升降变化。

在生活中，人们的口语表达主要是根据自己的情绪自然形成语调高低曲直的变化。同一句话，语调不同，就会传递出不同的情感、态度，有时候也许就

运用提示

在口语表达时，各种表达技巧是为表达的内容服务的，不同技巧只有综合运用，才会形成表达的合力。因此，需要灵活运用才能取得好的表达效果。

是因为语调出现的问题才让我们"口是心非",没有传递出真正的表达意愿,让人误解。故语调在表情达意中起着重要的作用。

语调的表达与语气有关。语气是在情感的支配下说话的一种状态,一般有什么样的情感状态就会用什么样的语调。语气与语句的类型也有密切关系。语句大致可以分为陈述句、疑问句、祈使句、感叹句四类。比如,表现陈述句与疑问句的语调就不一样,一个是平调,一个是升调。

语句的基本变化趋势有平、升、降、曲四种,因此,语调分为平调、升调、降调、曲调四种类型。

(一) 语调的确定

1. 根据目的来确定

可以根据表达的目的来确定语调。如"草莓班的语言活动'春来了'真好。"陈述事实可用平调读,"草莓班的语言活动'春来了'真好。"(陈述句);询问情况可用升调读,"草莓班的语言活动'春来了'真好?"(疑问句);肯定赞许可用降调读,"草莓班的语言活动'春来了'真好!"(感叹句);否认或歪曲事实可用曲调读,"草莓班的语言活动'春来了'真好!?"

2. 根据内容来确定

一般来说四种语调分别适用于以下情感、氛围、内容及表达方式等。平调常用于表现悲痛、冷漠、庄严、沉重、叙述等,升调常用于表现号召、疑问、惊讶、兴奋、激励、反问等,降调常用于表现议论、祝福、肯定、坚决、选择、请求、沉痛等,曲调常用于表现讽刺、夸张、怀疑、幽默等。

3. 根据情绪来确定

语调的运用不是机械不变的,还应该根据表达者的情绪来确定。如:"小兔子回来了吗?"按照一般疑问句的读法应该读升调,表现出着急的心情;但也可以用平调读,表现出关切的心情。

(二) 语调的读法和标注

1. 平调

语调无明显的高低升降的变化,可以用水平箭头(→)在句子末尾标注。如:"活动结束后,请小朋友们将座位整理干净。→"提出一般性要求,不需要声调的变化。

2. 升调

语调由平逐渐升高,可以用朝上箭头(↗)标注在句子末尾。如:"快来看呀↗,这里有一朵蘑菇↗。"声调上扬表现出发现蘑菇的惊喜、兴奋。

3. 降调

语调由平逐渐下降，句末低而短，可以用朝下箭头（↘）在句子末尾标注。如："妈妈放心吧！（↘）"声调下降表现出一种自信，会让听者感到踏实。

4. 曲调

将语句中个别读音进行由降到升再到降的变化，可以在需要变化的读音处用波浪形箭头（⌒→）标注。如："你好（⌒→），你真好（⌒→）。"将"好"字读成曲调后，声音的上下波动传递出与字面意思相反的嘲讽之意。

活动一

一、活动内容

读重音

二、活动目标

体验重音在实际表达中的强调感。

三、活动要求

1. 能按标注准确读出重音，体会重音表现出的强调感。

2. 在活动材料中的括号里写出重读的原因。

3. 普通话语音标准。

四、活动材料

1. 昨天我和小李去看了童话剧《春天的小屋》。（　　　）

2. 昨天我和小李去看了童话剧《春天的小屋》。（　　　）

3. 昨天我和小李去看了童话剧《春天的小屋》。（　　　）

4. 昨天我和小李去看了童话剧《春天的小屋》。（　　　）

云测试

活动二

一、活动内容

找重音

二、活动目标

1. 能根据语句内容找到重音。

2. 能说出确定重音的理由，并能体会读出的强调感。

三、活动要求

1. 为活动材料中的语句标注重音。

2. 朗读并体会重音表现出的强调感，普通话语音标准。
3. 与同伴分享朗读经验。

四、活动材料
1. 今天有小朋友最爱喝的番茄丸子汤。
2. 请小朋友认真看，仔细听，发现图画书里的秘密。
3. 大伙儿想想，用什么办法可以帮助他？
4. 枫叶红了，秋天真美啊！
5. 别浪费时间了，赶紧回家吧。
6. 不要怕，只要努力，一定能够成功。
7. 天雨路滑，一定要注意安全。

活动三

一、活动内容
古诗停连练习

二、活动目标
体验停连在口语表达中的作用。

三、活动要求
1. 感受古诗的节奏感，了解古诗的停顿技巧。
2. 能按标注准确朗读，普通话语音标准。

四、活动材料

悯农（其二）

[唐]李绅

锄禾↑日当午｜，汗滴↑禾下土｜。
谁知↑盘中餐｜，粒粒↑皆辛苦｜。

——选自：温儒敏．语文一年级上册．北京：人民教育出版社，2016：77．

赠刘景文

[宋]苏轼

荷尽已无↑擎雨盖｜，菊残犹有↑傲霜枝｜。
一年好景↑君须记｜，最是橙黄↑橘绿时｜。
荷尽↑已无↑擎雨盖｜，菊残↑犹有↑傲霜枝｜。
一年好景↑君须记｜，最是橙黄↑橘↑绿↑时｜。

——选自：温儒敏．语文三年级上册．北京：人民教育出版社，2018：14．

五、活动建议
开展古诗词朗读比赛，储备适合幼儿欣赏的古诗词。

活动四

一、活动内容

诗文停连练习

二、活动目标

1. 能根据表达内容确定停连。

2. 能运用停连技巧进行表达。

三、活动要求

1. 了解、分析诗文内容，并在停连处进行标注。

2. 说出停连处理的缘由。

3. 结合重音要求朗读作品，普通话语音标准。

四、活动材料

共 伞

张继楼

刮风了，下雨了，
幼儿园放学了。
看一看，谁来了，
妈妈撑着伞来了。
走出门，回头瞧，
屋檐下站着张小宝。
招招手，笑一笑，
伞下多了一双脚。
一二一，齐步走，
踏着水花回家了。

——选自：周兢.幼儿园语言教育资源.北京：人民教育出版社，2015：248.

活动五

一、活动内容

语速练习

二、活动目标

1. 理解语速在口语表达中的作用。

2. 熟练、准确地运用语速符号进行标注。

三、活动要求

1. 阅读并分析活动材料中的作品，选择合适的语速，并用语速符号标注。
2. 结合重音、停连要求，朗读作品，普通话语音标准。
3. 同伴相互倾听，提出改进建议。

四、活动材料

小弟和小猫

柯 岩

我家有个小弟弟，
聪明又淘气，
每天爬高又爬低，
满头满脸都是泥。
妈妈叫他来洗澡，
装没听见他就跑；
爸爸拿镜子把他照，
他闭上眼睛咯咯地笑。
姐姐抱来个小花猫，
拍拍爪子舔舔毛，
两眼一眯："喵，喵，喵，
谁跟我玩，谁把我抱？"
弟弟伸出小黑手，
小猫连忙往后跳，
胡子一撅头一摇：
"不妙！不妙！
太脏太脏我不要！"
姐姐听见哈哈笑，
爸爸妈妈皱眉毛，
小弟听了真害臊：
"妈！妈！快快给我洗个澡！"

——选自：周兢. 幼儿园语言教育资源. 北京：人民教育出版社，2015：163.

学习笔记

雪孩子

嵇 鸿

雪，下个不停，一连下了好几天。

这天早上，天晴了，兔妈妈要出门去。小白兔嚷起来："妈妈，妈妈，我也要去！"

兔妈妈说："好孩子，妈妈有事，你不能跟着去。"兔妈妈在门外的空地上给小白兔堆了个雪孩子。小白兔有了小伙伴，就不跟妈妈去了。

小白兔跳舞给雪孩子看，唱歌给雪孩子听。他玩累了，就回家去睡午觉。"屋子里真冷，赶快往火堆里添把柴吧！"

小白兔添了柴，把火烧得旺旺的，屋子里渐渐暖和了。他躺在床上，闭上眼睛，一会儿就睡着了。

火越烧越旺。哎呀，火把旁边的柴堆烧着了！小白兔睡得正香，他一点儿也不知道。

"不好了！小白兔家着火了！"雪孩子看见从小白兔家的窗户里冒出黑烟，蹿出火星。他一边喊，一边向小白兔家奔去。

"小白兔，小白兔！你在哪里？"雪孩子冲进屋里，冒着呛人的烟、烫人的火，找哇找哇，终于找到了小白兔。他连忙把小白兔抱起来，跑到屋外。

小白兔得救了，雪孩子却浑身水淋淋的。

这时候，树林里的小猴子、小山羊都赶来救火了。不一会儿，大家就把火扑灭了。

兔妈妈回来了，激动地说："谢谢大家来救火，救了小白兔，谢谢大家！"

"咦，是谁救了小白兔？"小动物们说，"真得谢谢他呢！"

这时，救小白兔的雪孩子不见了。他已经化成水了。

不，雪孩子还在呢！瞧，太阳晒着晒着，他变成了很轻很轻的水汽。飞呀，飞呀，飞上天空，变成了一朵白云，一朵美丽的白云。

——选自：温儒敏.语文二年级上册.北京：人民教育出版社，2017：91-93.

活动六

一、活动内容

我这样说

二、活动目标

1. 能根据语句内容感受不同语调，建立良好的语感。
2. 能听出不同语调传递出的不同意思。
3. 能读出不同语调的区别。

三、活动要求

阅读活动材料中的语句，用不同的语调进行表达。

四、活动材料

1. 普通话是国家通用语言。

2. 明天阴有小雨，气温12到18摄氏度。

3. 真的？原来是他呀。

4. 不，我不去，我偏不去！

5. 让我过去吧！

6. 绿水青山就是金山银山！

7. 你是去桃子班，还是去苹果班？

8. 好呀，你来呀！

9. 他筋疲力尽，瘫倒在地。

10. 小心，地上有水！

11. 哟，你这手可真巧呀。

12. 球进了！中国队赢了！

13. 船渐渐地靠岸了。

14. 没关系，这次没有取胜，我们继续努力！

15. 看着她远去的背影，泪水模糊了我的双眼……

活动七

一、活动内容

一句多调

二、活动目标

1. 能根据不同的情感表达要求选择适宜的语调进行表达。

2. 能说出运用所选语调的理由。

三、活动要求

1. 感受不同语气变化对语义的作用。

2. 根据语义，在活动材料中的横线处填上适宜的标点符号，在括号内标注语调符号。

3. 按所标注的语调进行表达。

四、活动材料

1. 询问的语气：你上哪儿去了_____（　　）

2. 埋怨的语气：你上哪儿去了_____（　　）

3. 劝慰的语气：你上哪儿去了_____（　　）

4. 愤怒的语气：你上哪儿去了_____（　　）

活动八

一、活动内容

思意选调

二、活动目标

1. 能根据对话，确定情感表达的意思，选择适宜的语调进行表达。

2. 能说出运用所选语调的理由。

三、活动要求

1. 阅读语句，分析表达的内涵，选择适宜的语调。

2. 在括号内标注语调符号，并说明表达的意思。

3. 能根据所填意图准确地进行表达。

四、活动材料

1. "小李不错（　　　），这次评上先进了。"

2. "小李不错（　　　），这次都评上先进了。"

3. "小李不错（　　　），你怎么知道？"

4. "小李不错（　　　），你怎么知道！"

1. 请梳理口语基本表达技巧知识，完成下列表格内容。

名称	表达符号	例句
重音		
停连		
语速		
语调		

2. 听音频，感受朗读者的情绪及对语言的处理，用口语表达技巧符号进行标注，并跟读。

春光好·彩笔轻挥描秀色

华　阳

鹂欢唱，雪消融，日当空。

谁荡秋千云上去，小桥东。

湖畔垂杨烟柳，林间杏白桃红。

彩笔轻挥描秀色，醉春风。

捉迷藏

谢武彰

黑夜用长长的手帕，把太阳的眼睛蒙了起来。颜色们赶快找一个自己喜欢的地方，静悄悄地躲了起来。黄色躲在菊花里；白色躲在云朵里；蓝色躲在天空里；红色躲在玫瑰里；绿色太多了，挤不下，有的躲在树叶里，有的躲在小草里。

大家都躲好了，黑夜就把手帕解开。太阳睁开眼睛，一下子就把颜色们全都给找出来啦！

——选自：周兢.幼儿园语言教育资源.北京：人民教育出版社，2015：371.

3. 按照下列文中口语技巧表达符号进行朗读。

春娃娃

夏辇生

春娃娃 | 爱笑，笑出了 | 暖暖的太阳。

春娃娃 | 爱哭，一撇嘴 | 就 | 细雨沙沙。

春娃娃 | 爱跳舞，把舞台装扮得 | 漂漂亮亮。

啊，跳吧！草儿 | 绿了，花儿 | 开了。

跳吧，跳吧！春娃娃要把快乐 | 带给 | 大家。

——选自：周兢.幼儿园语言教育资源.北京：人民教育出版社，2015：41.

4. 阅读下列作品，根据作品内容，用口语表达技巧符号进行标注，并朗读。

我爱爸爸

小狮子说："我爱爸爸，他又高大又强壮。"

小猫头鹰说："我爱爸爸，他很聪明。"

小企鹅说："我爱爸爸，他总保护我，给我温暖。"

小河马说："我爱爸爸，他总和我一起玩。"

小猩猩说："我爱爸爸，他总把我背在背上。"

小鱼说："我爱爸爸，他很帅。"

小象说："我爱爸爸，他很有趣。"

小熊说："我爱爸爸，他总抱着我说晚安。"

小海狸说："我爱爸爸，他会修理各种东西。"

小狗说："我爱爸爸，他喜欢挠我痒痒。"

小长颈鹿说："我爱爸爸，他很慈祥。"

小松鼠说："我爱爸爸，他能想出最棒的主意。"

小北极熊说："我爱爸爸，他是我最好的朋友。"

每个人都爱自己的爸爸——

尤其是……

我！

——选自：[英]丹尼尔·豪沃斯.我爱爸爸.宋宏图，译.北京：北京科学技术出版社，2014.

团 圆

爸爸在外面盖大房子。

他每年只回家一次，那就是过年。

今天，妈妈和我都起得特别早，因为——

爸爸回家了。

我远远地看着他，不肯走近。

爸爸走过来，一把抱起我，用胡子扎我的脸。

"妈妈……"我吓得大哭起来。

"看我给你买了什么！"爸爸赶紧去掏他的大皮箱——哦，好漂亮的帽子！

妈妈也换上了爸爸买的新棉袄。

……

包汤圆喽！爸爸把一枚硬币包进汤圆里："谁吃到它，谁就会交好运喔！"

这天夜里，爆竹"噼噼啪啪"地响个不停。我依偎在爸爸妈妈中间睡着了。迷迷糊糊地，我听见爸爸妈妈在轻轻地说着话，他们说啊说啊……

第二天一大早，妈妈就端上了热腾腾的汤圆，爸爸用勺子喂给我吃。

突然，我的牙被一个硬东西硌了一下。

"好运硬币！好运硬币！"我叫起来。

"毛毛真棒！快收到兜里，好运就不会跑掉喽！"爸爸比我还开心呢！

……

大年初二，天阴沉沉的，要下雪了。一大早，爸爸就忙了起来，补窗户缝、刷新门漆、换新灯泡……呀，家里一下子变得亮堂了。

……

大年初三，下雪了，下得好大好大！

下午，雪终于停了，大春他们来找我玩。

我们在院子里堆了一个大雪人，然后开始打雪仗。

天快黑的时候，我才回到家里，一摸口袋——啊，不见了！好运硬币不见了！

我冲到院子里，院子里全是雪，我的好运硬币在哪儿？

"毛毛别哭，我再给你一个。看，跟那个一样！"爸爸摸出一枚硬币。

"不要不要,我就要那个!"我一边哭一边叫。

晚上,我难过地爬上床,脱棉袄的时候——"叮当",有个东西掉到了地上。

硬币!我的好运硬币!

"爸爸快来看,好运没丢,它一直在我身上!"

那天夜里,我睡得特别香⋯⋯

早上一起来,我就看见妈妈在为爸爸收拾东西——爸爸今天要走了。

爸爸很快就收拾好了,他走到我身边,蹲下来用力抱住我。

他在我耳边轻轻地说:"下次回来,爸爸给你带一个洋娃娃,好不好?"

"不!"我拼命地摇头,"我要把这个给你⋯⋯"

我把那枚攥了很久的暖暖的硬币放到爸爸的手心里:"这个给你,下次回来,我们还把它包在汤圆里喔。"

爸爸没说话,他用力地点点头,搂着我不松手⋯⋯

——选自:余丽琼.团圆.济南:明天出版社,2008.(有删减)

拓展提升 ▶▶▶▶

一、关于幼儿文学的口语表达

朗读是幼儿文学口语表达常用的一种形式。朗读既是对不同文学体裁的作品进行口语表达的创造性活动,也是保育师必备的口语能力,更是口语能力提高的重要训练途径。

幼儿文学是为0~6岁孩子创作的,或是适合0~6岁孩子阅读、理解的文学作品,主要的体裁有儿歌、幼儿诗歌、幼儿散文、幼儿故事、童话、寓言等。

儿歌也称童谣,篇幅短小,结构简单,有一定的节奏感,朗朗上口。如我们熟悉的"小老鼠,上灯台,偷油吃,下不来,喵喵喵,猫来了,叽里咕噜滚下来"。因此,保育师在进行口语表达时要表现出儿歌的音韵感、诙谐感。

幼儿诗歌在形式上与儿歌很相似,但在韵律上比儿歌更自由;幼儿散文与幼儿诗歌的形式不同,但都注重表达丰富的情感和意境。因此,保育师在进行口语表达时应注意挖掘诗歌与散文的内涵,感受意境,呈现语言的美感,在朗读过程中陶冶情趣。如:

春 雨

刘饶民

滴答,滴答,下小雨啦!

种子说:"下吧,下吧,我要发芽。"

梨树说:"下吧,下吧,我要开花。"

麦苗说:"下吧,下吧,我要长大。"

小朋友说："下吧，下吧，我要种瓜。"

滴答，滴答，下小雨啦！

——选自：高格褆，舒平．幼儿文学实用教程．2版．北京：高等教育出版社，2011：213.

小种子

徐青山

滴答，滴答，小雨点不停地下着。

小种子们睡在泥土里，都给小雨点吵醒啦！它们看见水，高兴极了，一颗颗都张开小嘴，吱吱吱！拼命地喝。

喝呀，喝呀，干巴巴的小种子，都变成了小胖子，再也闷不住了，它们一颗颗都伸出脚，探出头来了。你瞧，你瞧，小小的、白白的，多么小的小嫩芽啊！每枝小嫩芽的头上，还戴着一顶帽子哩。

雨停了，天晴了。小嫩芽上的帽子也摘掉了。暖和的太阳照着它们，轻轻的春风吹着它们，小嫩芽长得真快呀，没有几天，它们全都抽出碧绿的叶子来啦！

——选自：高格褆，舒平．幼儿文学实用教程．2版．北京：高等教育出版社，2011：124-125.

幼儿故事、童话及寓言虽然从体裁上看有各自的特点，但从口语表达上看，都可以归为故事类的表达。因此，保育师在表现童话和寓言中的有些人物时，语言可以稍夸张一些，突出人物形象；可以借鉴动画片里不同人物的语言表达。

二、关于幼儿文学作品表达的准备

保育师怎么演绎幼儿文学才能让孩子们喜欢呢？

（一）熟读作品，准确发音

认真查对作品中的字音，避免读错字、读漏字，保证普通话语音的标准及朗读的流畅性。

（二）研读作品，深入理解

研读作品是指不仅要反复阅读作品本身，还要了解与作品相关的信息，如作品风格、创作背景、作者以及同类作品等，通过研究，深刻理解作品的主题，为后期的语言设计打好基础。

（三）合理想象，设计表达

通过研究，先对作品中的词句进行分析，再结合生活和语言学习经验，对作品中描述的时间、空间、人物进行合理想象，并运用口语表达技巧设计出合乎情理的人物形象、时空环境等。

（四）反复演练，巧记作品

为了流畅地表达作品，保育师需要反复演练，在演练中不断提高口语表达的准确性。对于比较长的作品，可以采用梳理关键词、形成思维导图式的结构的方法，帮助记忆。

总之，口语表达技巧需要通过大量的语言实践获得。切忌急功近利，只要坚持用正确的方法练习，你就会惊喜地发现：我已经获得了这种能力。

三、关于普通话水平等级测试的朗读要求

朗读短文（1篇，400个音节），限时4分钟。

1. 目的：测查应试人使用普通话朗读书面作品的水平。在测查声母、韵母、声调读音标准程度的同时，重点测查连读音变、停连、语调以及流畅程度。

2. 要求：

（1）短文从《普通话水平测试用朗读作品》中选取。

（2）评分以朗读作品的前400个音节（不含标点符号和括注的音节）为限。

3. 朗读评分：

（1）每错1个音节，扣0.1分；漏读或增读1个音节，扣0.1分。

（2）声母或韵母的系统性语音缺陷，视程度扣0.5分、1分。

（3）语调偏误，视程度扣0.5分、1分、2分。

（4）停连不当，视程度扣0.5分、1分、2分。

（5）朗读不流畅（包括回读），视程度扣0.5分、1分、2分。

（6）超时扣1分。

——选自：国家语委普通话与文字应用培训测试中心.普通话水平测试实施纲要（2021年版）.北京：语文出版社，2022：2-3.（有删减）

学习评价

本项目学习完成，请根据下表要求完成评价，可采用自评与他评的方式评价。

项目考核评价表（100分）　　评价人_____

维度及分值	等级标准					得分
	一等	二等	三等	四等	五等	
学习态度（30分）	每天能坚持本课程相关学习30分钟以上。（25~30分）	每天能坚持本课程相关学习20分钟以上。（15~24分）	每天能坚持本课程相关学习10分钟以上。（10~14分）	每天参与本课程相关学习不到10分钟。（5~9分）	每天参与本课程相关学习不到5分钟。（0~4分）	
能力运用（50分）	能按要求圆满、高效地完成课堂、课后练习全部内容，并指导他人完成。（40~50分）	能按要求独立、圆满地完成课堂、课后练习全部内容。（30~39分）	能按要求完成课堂、课后练习全部内容。（20~29分）	能基本按要求完成课堂、课后练习全部内容。（10~19分）	几乎不能按要求完成课堂、课后练习全部内容。（0~9分）	

续表

维度及分值	等级标准					得分
	一等	二等	三等	四等	五等	
知识掌握（20分）	能正确、完整地描述所学的全部知识，能提出与之相关的问题进行探究。（17~20分）	能正确、完整地描述所学的全部知识。（13~16分）	能在他人指导下正确、完整地描述所学的全部知识。（9~12分）	能在他人指导下基本正确、完整地描述所学的全部知识。（5~8分）	几乎不能描述所学的知识。（0~4分）	

反思感悟 ▶▶▶▶

亲爱的同学：通过本项目的学习，相信你已经有了不少收获，请根据下列提示做个记录吧。

1. 我学到的知识有：

2. 我学会的本领是：

3. 我还希望学习的是：

项目 7
口语表达辅助技巧

情境描述

小琴通过几周刻苦的练习，参加了班级讲故事比赛，可惜成绩不太理想。事后她找到老师问了自己失利的原因，老师告诉她：她的语音标准、表达技巧进步很大，值得表扬，但在肢体与语言的配合上还显得不太自然，必须加强这方面的练习。

你知道在口语表达时还需要有哪些方面参与配合吗？

学习目标

1. 了解体态语在口语表达时的作用。
2. 能选择适宜的体态语，动作协调地进行表达。
3. 感受肢体动作协调的美，关注肢体动作与口语的配合。

学习探索

请扫描二维码观看视频，说说对表达者肢体动作的整体感受以及肢体对表达的作用。

文学作品中体态语的设计

学习笔记

 学习驿站

从是否发出声响上看，语言可分成有声语言和无声语言。无声语言，也称体态语或身势语，是指身体某些部位运动而表达出的语义。例如，当需要控制吵闹的环境时，以拍手示意；在组织集体活动时，有个别孩子注意力不集中，保育师走过去轻轻拍拍孩子的背，这样的体态语既不影响活动的开展，又能提醒孩子注意。当进行口语表达时，体态语可以辅助口语的表达，增强口语表达的效果。如在说"加油"的同时辅以握拳的动作，更能传递出完成任务的决心。体态语既是语言表达的一种类型，可以独立表意，也是口语表达的好帮手。总之，体态语主要将面部表情和身体动作的变化作为传递信息、交流思想感情的辅助工具。

一、面部表情

面部表情是指我们面部的眉、眼、嘴会随着喜、怒、哀、乐的情感变化而变化。如炯炯有神、愁眉苦脸就是五官变化传递出的语言信息。

（一）眉毛

眉毛的运动主要有收缩和舒展的变化，可表现出不同的情绪。如眉头紧锁和眉开眼笑分别表现出忧伤、焦虑和愉悦、兴奋。

（二）眼睛

眼睛的视线方向常用于指示事物的方位，但在实际的运用中还有其他的表意作用。以下从眼睛的不同状态及运动来了解一下：

正视：眼睛平视前方，一般用于正常的语言交流，可表现出自信、诚恳的状态。

虚视：眼睛稍眯，视点稍远，既可表现深远、朦胧、回忆、思考的意思，又可表现视力不正常的状态。

斜视：眼睛向斜上方或斜下方看，根据不同的语境，可表达出思考、专注的意思，也可传递出不信任、怀疑甚至蔑视的意思。

凝视：眼睛看着一个点保持不动，表现出专注的状态。

俯视：眼睛稍往下看，有时可表现出高傲、妄自尊大的状态。

环视：眼睛左右运动，表现出视线的广阔。

除了以上这些外，还可以用眨眼、闭眼、眯眼、睁大眼睛等动作辅助口语的表达。

（三）嘴

嘴的动作主要有嘴角上扬，表示愉悦、轻松；嘴角往下，表示难受、痛苦；噘嘴表示生气、撒娇；撇嘴表示不满意；咬唇表示痛恨或忍耐等。

二、头部运动

头的运动有仰头、低头、侧头、转头等，除了指示方位，还有其他的表意作用。如仰头、低头幅度的大小传递出不同的意义。正视、头部略偏高表现出自信的状态，过高则传递出自傲的意思。正视、头部略低表现出谦恭的状态，过低则传递出自卑的意思。

三、身体运动

身体的运动分四肢与躯干的运动。在四肢的运动中，一般上肢的运动比较多，而上肢的运动又以手部的运动为主。手部的运动可以是单手或者双手运动，运动部位分手指、手掌、手臂，如"OK"手势、握拳动作等。躯干的运动区域分上区、下区，胸部以上为上区，反之为下区。腿部的运动主要有站立、坐、蹲、跳、弓步等动作。躯干的运动相对来说比较少，也是根据表达内容的不同而采用不同的方式，主要有弯腰、挺胸等动作。

运用提示

运用体态语时要注意：一是动作表意的准确性、流畅性；二是辅助口语时动作不宜太多，一定是对关键内容的补充或者强调；三是身体各部位的协调性，表达出真实、自然的审美体验。在表达时，很多时候头、眼、手等部位的动作不是孤立的，而是需要很好地配合，因此，要从观众的视角审视自己的动作，找准视点的角度、动作的幅度。如在示意"上面"和"头顶"的意思时，眼睛和头部的运动不一样，表达出的语义就不同。

活动一

一、活动内容
演奏家

二、活动目标
1. 能感受不同乐曲的情感变化，并用肢体动作进行表现。
2. 体验表意与肢体动作的配合，能说出所运用的肢体部位。

三、活动要求
1. 聆听不同的音乐片段，并用不同的肢体动作进行表现。
2. 感受音乐片段中的情绪，并用面部表情表现出来。

四、活动材料
音乐推荐：《赛马》（二胡）、《我和我的祖国》（小提琴）、《茉莉花》（古筝）、《月光下的凤尾竹》（葫芦丝）、《演艺人》（钢琴）、《Le Basque》（长笛）、《小松鼠》（木琴）、《回家》（萨克斯）。

学习笔记

活动二

一、活动内容

变脸

二、活动目标

能理解词语、语句的意思，转化成面部表情或肢体动作进行表达。

三、活动要求

1. 根据提供的词语做出相应的面部表情或动作。

2. 几名同学一组进行活动，互相看彼此的表达效果，分享感受。

四、活动材料

笑：大笑、微笑、爆笑、冷笑、回眸一笑、会心一笑

哭：抽泣、哭笑不得、号啕大哭、失声痛哭、痛哭流涕

愁：愁眉不展、垂头丧气、愁眉苦脸、忧心忡忡

其他：目不转睛、凝神注视、怒目而视、左顾右盼、东张西望、挤眉弄眼、举目远望、察言观色、狼吞虎咽、精疲力尽、唉声叹气、心旷神怡、张牙舞爪、抓耳挠腮、心急如焚、惊慌失措、暴跳如雷、心花怒放、心烦意乱、心惊胆战、欢天喜地、悲痛欲绝、欣喜若狂

活动三

一、活动内容

我做你猜

二、活动目标

1. 能调动自己的面部表情及肢体动作。

2. 能用肢体动作表达词语内涵。

三、活动要求

1. 参与者每人写 2 张适合动作表演的四字词语卡片，放入统一的盒子中。

2. 活动前，自行分成几组。

3. 每一轮每组抽 2 名同学参加。2 人中，甲同学先背对大家，乙同学则在盒子中抽取一张卡片后告诉甲同学词语的意思，甲同学随即根据词语的意思，做出相应的动作，若猜对，则获得该卡片。以此类推，活动结束后获得卡片多的一组，即为优胜者。

4. 若班级人数较多，甲同学也可为 2～3 人，共同参与猜测。

四、活动材料

愁眉苦脸、鹤立鸡群、展翅高飞、掩耳盗铃、心花怒放、欢呼雀跃……

活动四

一、活动内容
手语舞

二、活动目标
1. 体验面部表情与手势的配合。
2. 增强面部表情与动作的协调性、流畅性。
3. 感受肢体动作的优美。

三、活动要求
1. 在网上搜索手语舞视频《感恩的心》。
2. 跟随视频学习后，能记住动作，随音乐展示。

活动五

一、活动内容
猴吃西瓜

二、活动目标
1. 能根据表情、动作等的提示进行表达。
2. 感受体态语与有声语言完美结合的愉悦。

三、活动要求
1. 熟悉作品，纠正语音错误。
2. 理解故事内容，从描写中感受表达环境及人物状态，用口语表达技巧符号标注。
3. 根据文中的提示进行自我练习，可以根据自己的理解调整动作。
4. 小组分角色练习：旁白、猴王、老猴、小毛猴儿、短尾巴猴儿、甲猴儿、乙猴儿。
5. 小组展示，对展示效果进行评议。

四、活动材料

猴吃西瓜

猴王找到个大西瓜。可是怎么吃呢？这个猴王啊是从来也没吃过西瓜的。
　　（高兴地）　　　　　　　　（若有所思地）

突然它想出一条妙计，于是把所有的猴儿都召集来了，对大家说："今天我找到
　　（朝上伸出食指）　　　　　　　（挥手）　（仰头、叉腰、俯视）

一个大西瓜，这个西瓜的吃法嘛，我是全知道的，不过我要考验一下你们的智
　　　　　　　　　　　　　　　（拍拍胸脯）　　　　（环视）

慧，看你们谁能说出西瓜的吃法，要是说对了，我可以多分他一份；要是说错了，
　　　　（微笑、柔和地）　　　　　　　　　　　（严厉地）

学习笔记

我可要惩罚它!"

　　小毛猴儿一听,挠了挠腮说:"我知道,吃西瓜是吃瓤!"猴王刚想同意。"不
　　　　　　　　　　　(挠挠腮、快速地)

对,我不同意小毛猴的意见!"一个短尾巴猴儿说,"我清清楚楚地记得,我和
　　　　　　　　　　　　　　　　　　　　　　　(中速或一字一顿地)

我爸爸到我姑妈家去的时候,吃过甜瓜,吃甜瓜是吃皮,我想西瓜是瓜,甜瓜
也是瓜,当然该吃皮啦!"大家一听有道理,可到底谁对呢,于是都不由得把眼光
　　　　　　　　　　　　　　(点点头)　　(疑惑地)(头慢慢转动到一个

集中到一只老猴身上。老猴一看,觉得出头露面的机会来了,就清了清嗓
定点停住)　　　　　　(模拟左手拄拐杖、身体佝偻状、慢慢环顾四周后抬头)

子说道:"吃西瓜嘛,当然……是吃皮啦,我从小就吃西瓜,而且一直是吃皮。
　　　　　　(稍迟疑地)　　(自信地)

我想我之所以老而不死,也正是吃了西瓜皮的缘故!"
(左手拄拐杖,点地几下)(朝上伸出食指)

　　有些猴儿早等急了,一听老猴也这么说,就跟着嚷起来:"对,吃西瓜吃
　　　　(伸长脖子左右看)　　　　　　　　　　　　　(仰视、着急地)

皮!""吃西瓜吃皮!"猴王一看,认为已经找到了正确答案,就向前跨了一步,
　　　　　(左右环视)　　　　　　　　　　(双手叉腰、跨步)

说道:"对!大家说得都对,吃西瓜是吃皮!哼,就小毛猴儿说吃西瓜是
　　　(肯定地)(向下挥右手)　　　　(斜视、生气地)

吃瓤,那就叫它一个人吃,咱们大家都吃西瓜皮!"于是西瓜被切开,小毛猴儿
　　　　　　　　　　　(高兴地)　　(左手劈掌,然后双手分开手心向上)

吃瓤,大家伙儿共分西瓜皮。
　　　(微笑、左手前伸)

　　有个猴儿吃了两口,捅了捅旁边的猴儿说:"哎,我说这可不是滋味啊!"
　　　　　(慢慢转头看旁边)　　　　　(低头、手肘弯曲、手捂嘴低语)

"咳,西瓜嘛,就这味儿……"
　　(皱眉)

　　——选自周劼.口语表达能力训练.重庆:重庆大学出版社,2010:114-115.(有改动)

巩固练习

1. 请说说体态语在表达时的作用，并用思维导图的形式画出体态语的分类。

2. 请阅读寓言故事《乌鸦与狐狸》，设计适宜的体态语进行演绎。

乌鸦不知在哪里找到一块肉，它躲到一棵大树上，准备享受它的口福了，但是它的嘴半开半闭着，含着那小块美味的东西在沉思。

这时候，突然跑来一只狐狸，一阵香味立刻使它停住了。它看见乌鸦嘴里叼着一块肉，于是，它悄悄接近大树，目不转睛地瞅着，对乌鸦说："你是多么美丽呀，甜蜜的鸟，那脖子，哟，那眼睛，美丽得像个天堂的梦。而且，怎样的羽毛，怎样的嘴呀！只要你开口，一定是天使的声音。唱吧，亲爱的，别害臊！啊，小妹妹，说实话，你出落得这样美丽动人，要是唱得同样美丽动人，那么，在鸟类之中，你就是令人拜倒的皇后了！"

乌鸦被狐狸的赞美搞得昏头昏脑，高兴得连气都喘不上来了，它听从狐狸的柔声劝诱，鼓足勇气，提高嗓门儿，尽乌鸦之所能，叫出了刺耳的声调。

肉掉下去了。狐狸没影了……

——选自高格褆，舒平.幼儿文学阅读与指导.北京：高等教育出版社，2017：115.（有改动）

拓展提升 ▶▶▶▶

双簧是中国独特的民间艺术表演形式，起源于清代，相传为硬书艺人黄辅臣所创。

双簧由两个人表演，即一人说一人做。最传统的是一人化妆坐在椅子上，称"前脸儿"，妆容为：脸上刷白粉，头上戴小辫。另一人躲在椅子后面说台词，称"后背"。"前脸儿"根据台词内容只做夸张的口型和相应的动作。台词多幽默搞笑，两个人需要默契地配合才能让幽默、滑稽的表演天衣无缝,给观众带来欢乐。有一副对联描述双簧的表演惟妙惟肖:假说真学仿佛一个,前演后唱喉咙两条。演双簧也有两个人都露脸的形式,还可以用乐器和唱的形式,只是"前脸儿"假弹假唱,"后背"真弹真唱。"前脸儿"的动作若能与"后背"的动作、声音完全一致,更显功力之深。

本项目学习完成,请根据下表要求完成评价,可采用自评与他评的方式评价。

项目考核评价表(100分)　　评价人_____

维度及分值	等级标准					得分
	一等	二等	三等	四等	五等	
学习态度(30分)	每天能坚持本课程相关学习30分钟以上。(25~30分)	每天能坚持本课程相关学习20分钟以上。(15~24分)	每天能坚持本课程相关学习10分钟以上。(10~14分)	每天参与本课程相关学习不到10分钟。(5~9分)	每天参与本课程相关学习不到5分钟。(0~4分)	
能力运用(50分)	能按要求圆满、高效地完成课堂、课后练习全部内容,并指导他人完成。(40~50分)	能按要求独立、圆满地完成课堂、课后练习全部内容。(30~39分)	能按要求完成课堂、课后练习全部内容。(20~29分)	能基本按要求完成课堂、课后练习全部内容。(10~19分)	几乎不能按要求完成课堂、课后练习全部内容。(0~9分)	
知识掌握(20分)	能正确、完整地描述所学的全部知识,能提出与之相关的问题进行探究。(17~20分)	能正确、完整地描述所学的全部知识。(13~16分)	能在他人指导下正确、完整地描述所学的全部知识。(9~12分)	能在他人指导下基本正确、完整地描述所学的全部知识。(5~8分)	几乎不能描述所学的知识。(0~4分)	

反思感悟 ▶▶▶▶

亲爱的同学：通过本项目的学习，相信你已经有了不少收获，请根据下列提示做个记录吧。

1. 我学到的知识有：

2. 我学会的本领是：

3. 我还希望学习的是：

模块二

保育师口语表达

保育师口语是保育师从事保教工作的职业用语。本模块以讲述、介绍、激励、批评、赞赏、引导等常用单向口语表达为主要内容，介绍了常用口语的内涵、特点、方法、运用要领等，为保育师熟练使用常见工作用语及双向口语交流打下基础。

学习导航

模块二　保育师口语表达

- 项目8　讲述
  - 一、讲述的类型
  - 二、讲述的方法
  - 三、讲述的步骤
- 项目9　介绍
  - 一、介绍的类型
  - 二、介绍的基本要求
- 项目10　激励
  - 一、激励语的使用要求
  - 二、激励语的使用技巧
- 项目11　批评
  - 一、对批评的理解
  - 二、批评的类型
  - 三、批评的运用要领
  - 四、批评的运用流程
- 项目12　赞赏
  - 一、赞赏的教育作用
  - 二、赞赏的类型
  - 三、赞赏的运用要领
- 项目13　引导
  - 一、引导语的类型
  - 二、引导语的要求

项目 8
讲　述

情境描述

　　幼儿园小班的菁菁在下午的户外活动中摔伤了膝盖。保育师张老师发现菁菁的膝盖有擦伤、破皮和轻微渗血的状况后,立即带菁菁去医务室做了检查,医生对菁菁的伤口进行了处理。张老师安抚好菁菁的情绪,并电话告知家长情况,家长表示即刻来园当面沟通。

　　张老师该如何向家长讲述事情的经过?讲述中需要注意些什么?

学习目标

1. 能说出讲述的类型,能依据讲述环境恰当选择叙事性讲述和说明性讲述。
2. 能运用讲述的方法及步骤讲好故事。
3. 感受"干一行、爱一行、专一行、精一行"的工匠精神。

学习探索

　　请扫描二维码,倾听保育师李老师在幼儿园家长开放日活动中进行的以"保护幼儿视力"为主题的讲述。思考并回答:李老师的讲述能让家长明白此次讲述的主题吗?为什么?李老师此次讲述的目的是什么?在哪些语言中有体现?

 学习笔记

 学习驿站

讲述是通过有声语言、面部表情、肢体动作等的配合，把自己知道的、想到的、感受到的事情和道理讲出来的一种表达技能，是保育师日常工作必备的一项职业技能。保育师在进行讲述活动前需要综合考虑讲述的类型、场合、听者的接受能力等多种因素。

讲述不同于说话和描述。说话是双向的、即兴的、片段式的，描述重在通过修辞手法让人或物的特征和形象更生动、具体，而讲述是为了达到一定的目的和需求，对语言进行构思和组织，力求把事情或道理讲清楚、说明白的一种独白语言的表达方式。

一、讲述的类型

保育师常用的讲述类型为叙事性讲述和说明性讲述。

（一）叙事性讲述

叙事性讲述是以讲故事的形式，将事件通过口头语言讲出来，需要说清人物、时间、地点和事件发生的原因、经过、结果等几大要素。叙事性讲述是一种相对正式的独白语言，往往由一定的需要引发。如引起听者对某方面的关注，或是让听者了解事情发生的真实原因，抑或是让听者从讲述中领悟到隐藏在事件表象后面的道理等。为了使讲述形象、生动，保育师往往需要在讲述前构思，寻找最佳的讲述结构，寻找恰当生动的词语、丰富的修辞手法，再结合叙事性讲述的方法，呈现出最佳的讲述效果。

（二）说明性讲述

周兢在《学前儿童语言学习与发展核心经验》一书中提出："说明性讲述是用简洁明了、规范准确的独白语言，说明与解释事物的形状、特征、功用或操作过程的讲述形式。"[①] 说明性讲述更多地注重客观、真实性，将所要讲述的事物呈现的状态、特点、来源或操作过程讲清楚、说明白，不需要像叙事性讲述那样有鲜明的情绪表达和对细节的描述。

二、讲述的方法

（一）叙事性讲述的方法

1. 结构完整

在进行叙事性讲述时，事件中的人物、时间、地点和事件发生的原因、经过、

---

① 周兢：《学前儿童语言学习与发展核心经验》，99页，南京，南京师范大学出版社，2014。

结果要说清楚、说完整,缺一不可。事件包括背景、冲突、疑问和结果四部分。按照呈现的四部分的先后顺序的不同,叙事性讲述可分为以下四种基本结构。

(1)平铺直叙的结构

平铺直叙的结构指在进行叙事性讲述的过程中以背景引出冲突、疑问、结果的先后顺序进行讲述。这种结构下的讲述采用由已知到未知的表述过程,符合听者的思维形成过程,使听者容易理解并产生关于事件前因后果的记忆。平铺直叙的结构在保育师进行的叙事性讲述中使用频繁。

案例 ▶▶▶▶

小班保育师张老师面对幼儿菁菁家长时讲述:"下午,菁菁在参加最后一轮'钻洞洞'的跑动活动时,因起身时脚没有站稳,跪在了草坪上。我伸手没有够着他。菁菁很勇敢,没哭,只说有一点点痛。我们带孩子去医务室做了检查,发现有擦伤。廖医生给菁菁清洗了表皮并消了毒,抹了消炎药膏。您可根据孩子情况看看是否要带孩子去医院检查一下,有任何需要可直接联系我们。对菁菁出现的擦伤我们表示抱歉,希望家长能够理解幼儿在活动中出现的一些伤情。"

解析:本案例由背景"下午的跑动活动"引出摔伤的事件冲突和关于"幼儿伤情"的疑问,到最后保育师提出"是否要带孩子去医院检查一下"的建议,并希望得到家长谅解的事件结果。保育师将事件按照发生的先后顺序,结构完整地进行讲述,使家长获得思维上的连续性认知和理解,促进表达和交流的完成。

练一练

请你根据案例背景,扮演保育师张老师练一练,讲一讲。

(2)开门见山的结构

开门见山的结构指在叙事性讲述的开头就呈现事件结果或讲述者的观点和意见,然后从背景出发,讲述冲突、疑问和结果,即倒叙讲述。这种结构下的讲述更好地突出了讲述者的表达目的,使听者在后续的讲述中有侧重地倾听事件原委,为开头呈现的结果、观点、意见寻找依据。此结构常常用在保育师的教育情境中。如"孩子们,我们一定要做到饭前便后洗手,不然……"或者"早餐会直接影响到孩子的生长发育……"

案例 ▶▶▶▶

在幼儿园中班教室的喝水台旁,菲菲老师给幼儿讲:"孩子们,刚才孙小雨在这里滑倒了,大家可得注意安全啊。孙小雨和大家一起运动完跑到这里来接水喝,刚跑到这里就滑倒了。因为地上有很多的水,让地板变滑了。他一屁股坐在了地上,头还碰到了桌子腿上,现在已经被李老师送到医务室去了。你们想想要怎么做才不会滑倒呢?"

解析：案例中的保育师将事件结果"孙小雨滑倒受伤"和观点"注意安全"开门见山地讲出来，引起幼儿的关注。随后在"运动后"背景下引出事件冲突及前因后果，带动幼儿思考"要怎么做才不会滑倒"，才能有效避免重复出现类似安全问题。

（3）突出矛盾的结构

突出矛盾的结构是另外一种倒叙结构，即将事件冲突先摆出来。如"小琪今天和班上小朋友打架了……"或"小红帽在森林里遇到了大灰狼，她能走出森林吗？"突出矛盾的讲述结构会使听者情绪紧张，注意力集中，关注事件发展的起因及结果。但该结构容易给听者造成心理负担和压力，所以，在面对婴幼儿进行讲述时，为避免对婴幼儿的心理造成损害，保育师需提前考虑婴幼儿的心理承受能力和理解能力。突出矛盾的结构常运用于保育师工作的教育情境。

> **案例** ▶▶▶▶
>
> "聪聪妈妈，今天聪聪趁我们不注意爬到树上去了，好危险！事情是这样的，下午户外活动时，聪聪因为树上的一个纸飞机爬上树去了。因为孩子太专注了，我们担心他摔下来，安排保安悄悄上树，帮助聪聪一起取下了纸飞机，也让聪聪安全下来了。后来知道聪聪是为了帮助别的小朋友才爬树取纸飞机的。聪聪毕竟还是个孩子，容易因为冲动受到伤害，希望家长配合我们做好孩子的安全教育，提高孩子的安全意识。"

解析：案例中的叙事性讲述将事件矛盾"聪聪趁我们不注意爬到树上"放在讲述开端，造成家长急切地想了解"孩子是否安全"的紧张情绪，促使其提升对事件起因、结果等内容讲述的关注度，既突出矛盾也保证了结构的完整性。

（4）突出信心的结构

信心是确信愿望能实现的心理。突出信心的结构指保育师在叙事性讲述中面对已经出现的问题，既肯定过去的努力和成就，也对未来的美好结果表示出信心的一种结构。突出信心的结构能将当前的"不好"进行良性过渡，让听者以平和的心态接受讲述者的意见或提出的方案，期待通过努力促成改进愿望。讲述的句式常常为"虽然现在……但是我相信……"。

> **案例** ▶▶▶▶
>
> "聪聪妈妈，聪聪是个很勇敢很善良的好孩子。今天因为帮助别人而贸然爬上树。虽然最后在保安的协助下成功取下了纸飞机，但是这件事让我们后怕。我给您和聪聪说这件事情，是想让您和聪聪都知道这种行为的危险性。我相信聪聪一定能积极开动脑筋，用更安全的办法来保护自己，也帮助别人。聪聪，加油！"

解析：案例中的聪聪是一名大班幼儿，处在学习的初始阶段。保育师讲述的最终目的是促进幼儿获得良性发展，所以，在进行讲述时选择突出信心的结构，不仅能让幼儿认识到自己的错误，还能增加幼儿建立改正错误的信心和勇气，促进幼儿身心的全面发展。

2. 叙事有顺序

这里的顺序指叙事性讲述中事件发生、发展、结果出现的时间次序，有顺叙、倒叙、插叙三种形式。采用最多的是顺叙，即按照发生、发展、结果的次序进行讲述，能让听者快速理清事件发生的全过程；其次是倒叙，即按照结果、发生、发展的顺序进行讲述，让听者对事件引发的结果引起重视；最后是插叙，即在讲述事件过程中插入片段，这个片段可能是另外一件事，也可能是讲述者想呈现的道理等，能推动事件情节的展开，丰富讲述的内容，达到讲述的目的。

3. 叙事有观点

保育师的工作要点是配合教师组织教学活动，在进行讲述前需要根据目的或需求确定相应的教育观点。首先，观点大多出现在讲述的开头，这样的观点较容易被听者理解。例如，以培养幼儿良好进餐习惯为目的："宝贝们，我们吃饭的时候要坐好，不说话……"其次，当观点不容易使听者理解时，往往需要先以通俗易懂的语言讲述事件，帮助听者理解在讲述末尾出现的观点。例如，"……所以，大家一定要记住'过马路走人行横道线，红灯亮了停一停，绿灯亮了向前走'。"

（二）说明性讲述的方法

说明性讲述是一种多为独白的口语讲述形式。一个成熟的讲述者可以在正式的语言运用场合，独立构思讲述内容，经过比较严密的语言组织，使用比较正规的语言来进行讲述。[①] 完成说明性讲述需要掌握以下讲述方法。

1. 淡化情感，客观具体

说明性讲述是对客观事物的如实反映，要求表达科学、严谨和准确。讲述要淡化情感，少使用表示情感色彩的词语和语音、语调，也不能过多使用形容词，避免听者发生认知上的偏差。

> **想一想**
>
> 关于"聪聪爬树"这一事件，用两种不同的叙事性讲述结构进行讲述有什么不同的效果？

学习笔记

讲述之说明性讲述的方法

> **案例** ▶▶▶▶
>
> 孩子们，刚才我们一起重新认识了苹果。苹果是圆圆的，苹果皮有红的、绿的、黄的。而它们的味道有甜的，也有酸的。切开苹果后能看到苹果的肚子里藏着小秘密，那是苹果的核，是不能吃的一个部分哟。

---

① 周兢：《学前儿童语言学习与发展核心经验》，100 页，南京，南京师范大学出版社，2014。

解析：在案例中，保育师在小班科学活动中配合教师进行说明性讲述。其说明性讲述是在幼儿运用视觉、味觉等形式感知后进行的小结性讲述，是淡化甚至避免了情感的讲述，讲述语言符合科学、严谨、准确的要求，客观具体。

2. 语言简洁、规范

简洁是指将所讲述内容简明扼要地呈现给听者，使其能快速认知事物的本质。

规范首先体现为普通话语音标准，词语、语法规范；其次是顺序的规范，需要遵循所讲事物的特点和规律，或按时间先后顺序，或由外向内或由内向外，或由上到下或由下到上等。

案例 ▶▶▶

保育师苗苗："宝贝们，记住了，只要想尿尿了，或者想拉臭臭了，就马上告诉老师，老师会马上带着你们上厕所。我们要先打开马桶盖子，站在马桶旁边把裤子脱到膝盖处，再小心地坐到马桶上，就可以尿尿或者拉臭臭了。"

想一想

保育师应如何给幼儿讲述穿衣服的步骤呢？

解析：如厕照护是保育师工作中的一个重点内容，幼儿需记住如厕要领和先后顺序、步骤，进行正确的操作。托幼班的幼儿理解能力较差，保育师苗苗在讲述中多用短句和浅显词汇，并按照如厕的时间顺序进行简明扼要、规范的讲述，让幼儿清晰记忆如厕流程。

3. 以听者的接收能力为重

说明性讲述因其客观、简洁、规范的特点，在生动性和趣味性上无法达到叙事性讲述的效果，所以，保育师应以听者的接收能力为前提设计讲述内容。讲述前，保育师需研究听者在年龄、性别、语言接收能力和理解能力等各方面的现状，讲述中通过观察及时了解听者的反应，及时对讲述的重点、难点做出相应的调整。

案例 ▶▶▶

老师们，我们明天将配合幼儿园做好幼儿体检工作。大一班的陈老师和汪老师在明天10点前要按要求完成二楼会议室的布置。10点，林老师和孟老师进会议室协助进行卫生大扫除，做好环境消杀工作。幼儿午休起床后，我们按照大一班到大三班的顺序给孩子们整队后带到会议室接受体检，各班保育师跟队随行。请大家务必注意幼儿队伍的有序，避免发生推搡、挤压、踩踏事件。在体检中、体检后，及时关注所有幼儿的情绪和身体反应，有序协助班级教师将体检后幼儿安全带回本班教室，力求每个幼儿都能高效地完成此次体检。

解析： 以上是某保育师面对同事进行的说明性讲述。他充分考虑到了保育师队伍的构成特点，语言简洁、清晰、有针对性，使听者能快速明确自己的主要任务、工作重心，保障工作的圆满完成。

三、讲述的步骤

保育师在工作中虽然没有承担具体教学活动，但言行穿插于幼儿在园的每一个环节中。所以，保育师在工作中也需注重语言的专业性，讲述时，可遵照讲述三步骤进行。

（一）讲述前准备充足

保育师进行讲述活动要做好充足的准备。首先，要确定讲述意图；其次，要加强对婴幼儿的认知，如年龄、性别、性格、理解能力等；再次，要分析讲述内容并确定采用叙事性讲述还是说明性讲述；最后，设计讲述语。

（二）讲述中观察婴幼儿的反应

讲述的目的是使婴幼儿有所得，所以保育师在讲述中应注意观察婴幼儿的反应，有针对性地在讲述速度、节奏、强弱甚至表达方式上进行适当调整。反之，将大大削弱讲述效果，甚至做出无效讲述。

想一想

讲述中婴幼儿会有什么反应？这些反应有哪些外在表现？各种外在表现分别说明了什么问题？

（三）讲述后适时进行补充讲述

在讲述活动后，保育师应及时了解讲述效果。有不足之处，应及时查漏补缺，还要重点强调、强化细节等，增强婴幼儿的认知，达到讲述的目的。

实训活动

云测试

活动一

一、活动内容

我该怎么选

二、活动目标

1. 分清叙事性讲述和说明性讲述两种类别。
2. 能根据活动目的对应选择讲述类别。

三、活动要求

将所选择的讲述类别填写在对应的括号内。

四、活动材料

  A. 叙事性讲述 B. 说明性讲述

1. 小班：分辨桃子和苹果（   ）

2. 小班：我的妈妈（　　　　　）

3. 大班：我的身体有个秘密（　　　　　）

活动二

一、活动内容
我来讲

二、活动目标
1. 能快速确定事件的几大要素。
2. 能根据原材料确定一个讲述观点。
3. 能结合确定的观点选择相适应的叙事讲述结构完成讲述。

三、活动要求
1. 熟读《节约的袁爷爷》并回答问题。
2. 确定一个讲述观点，选择相适应的叙事讲述结构和方法，录制《节约的袁爷爷》讲述音频并上传至班级作业群。

四、活动材料

节约的袁爷爷

袁爷爷要去北京开会。出发前，他对自己的助理说："你可要节约点儿，不要给我买头等舱的票，我可不坐，我就坐便宜的经济舱！"助理关切地告诉袁爷爷："您年纪大了，又连续工作了好几天，我本想着趁飞行的时候您能坐个头等舱，好好休息一下的！"袁爷爷瞪大了眼睛，生气地说："坐什么不是休息啊，非要坐头等舱才能休息吗？那么贵！你就算买了头等舱我也不会坐的！"助理叹了一口气，不敢说什么了。就这样，袁爷爷拿着经济舱的机票登机了。

1. 请在文中找出事件的几大要素。

2. 针对《节约的袁爷爷》，你准备采用哪种叙事讲述结构？为什么？

3. 你确定的讲述观点是什么？

五、活动建议

1. 可到阅览室、书店或上网了解袁爷爷的生平。
2. 注意对表现袁爷爷节约细节的讲述。

活动三

一、活动内容

包粽子

二、活动目标

1. 能用说明性讲述的步骤改编活动材料《包粽子》。
2. 掌握说明性讲述的方法。
3. 能完成说明性讲述活动。

三、活动要求

1. 讲述条理清晰，客观真实，具有可操作性。
2. 讲述时发音准确，吐字清晰。
3. 用幼儿能听懂的语言讲述。

四、活动材料

包粽子

拿出一片粽叶，将其横向倾斜向内卷过去形成尖筒状。用勺子取适量混匀后的花生、红豆、糯米倒入该粽叶筒内，并用竹筷插紧实。填装好再把糯米按紧实后，用手将右侧的粽叶向左压入，再将左侧的粽叶用手捏紧向右压入。将粽子拿正，把多余的粽叶向后用手按着，将一根粽叶从粽子的下端拉出。将拉出的粽叶由下向上拉起，并穿过原粽叶，再用拇指按住粽叶，使其不要移动，把穿过的粽叶拉出，向下拉紧。把粽子倒立过来，再把粽叶绕过粽子，从原粽叶上压过，再穿出，拉紧后，从原粽叶上穿出拉紧一次，一个粽子就包成了。

五、活动建议

1. 掌握包粽子的方法。
2. 可按照操作步骤，边操作边讲述。
3. 也可配合操作视频讲述。

1. 请熟悉下面的讲述材料，并尝试对同学进行说明性讲述。

《讲述》以强烈的故事性、细腻丰富的情感，打造了CCTV的一档口述体纪录片日播节目。它展现了普通人精彩的人生故事，给观者以人生启迪。其节目形态分日常版和周末版，日常版以演播室形式为主，间或有部分外拍小片强化事件的现场感；周末版是以镜头讲述的全程外拍。情感的力量是无形的，但又是巨大的，一个个平凡的或是不平凡的人都满怀时而静谧、时而澎湃的情感生活着，努力着。这许许多多真实的感情倾诉出来，就汇聚成一个以情动人、以情慰人、以情励人的充满温情的栏目——《讲述》。

——引自百度网对央视《讲述》节目的介绍

2. 请根据案例提示进行讲述，并回答问题：案例属于哪一类讲述，运用了哪些方法？

乐于助人的好孩子

幼儿园大班，保育师在给孩子们讲述班上一个小朋友的真实事件，希望孩子们能向这个小朋友学习。保育师坐在凳子上，面带微笑，语气柔和、亲切地讲道：

孩子们，那天中午，在我提着大家的饭菜上楼时，不小心踏错了一级楼梯，（瞪大眼，惊慌）哎哟！我摔倒了。我跌坐在了楼梯上，饭也撒了。哎哟（龇牙咧嘴，手扶着腰，模拟痛苦的呻吟声），那时候我好痛呀。浩浩小朋友刚好出来上厕所，听到了我的声音，看到了坐在楼梯上的我。（表情着急，语气惊讶，语速稍快）他马上跑下来，关切地询问我怎么了。很痛吗？（语气缓慢，表情难过，伴有呻吟）我让浩浩别担心，我缓一会儿就会好的，让他回教室去。他说不行，说怎么能看着我摔倒了不管呢。他想要拉我起来，（用力模仿拉人的动作）但力气不够，累得他满头大汗，我自己也痛得使不上力气。后来，他跑到办公室去叫来了其他老师，把我送到了医院，我得到了及时的医治。（语气回归平缓，充满爱意）孩子们，要不是浩浩的帮助，让我能及时去医院，可能我现在还在医院里躺着呢。来，浩浩，好孩子，谢谢你！（竖起大拇指，语调高昂）棒棒的，我爱你！

拓展提升 ▶▶▶▶

一、关于图画书

图画书又称绘本，是以图画为主、文字为辅的书籍形式，非常适合婴幼儿阅读，对培养婴幼儿的阅读兴趣、促进婴幼儿的认知及语言的发展有着重要作用。为了推动图画书的发展，美国率先设立了"凯迪克大奖"，随后其他国家和一些组织也设立了不同的图画书奖。我国在21世纪开始设立图画书奖，主要有"丰子恺儿童图画书奖"和"信谊图画书奖"。国家设置这些奖项旨在培养儿童文学和儿童图画书创作人才，拓宽创作者的视野，提升儿童文学和儿童图画书的创作质量、读者的欣赏水平及从业者的专业标准。我国优秀的图画书有《同一个月亮》《外婆家的马》《团圆》《甜甜蜜蜜中国年·妙笔糖画》等。

一本精美的图画书犹如一部生动的电影，能让婴幼儿融入画面情景之中，体验人世间的真善美，感受丰富的人类情感，获得知识的养分、身心的愉悦、情感的升华。图画书为婴幼儿认识世界、了解世界提供了广阔的平台，深得婴幼儿的喜爱。保育师可以根据不同年龄段的认知水平、图书的品质、互动性等原则为婴幼儿选择适宜的图画书。

二、红色摇篮——中国早期保育师

请在网上搜索纪录片《国家记忆》之"红色摇篮 千里转移"，倾听中国第一代保育员讲述红色摇篮的故事。

学习评价

本项目学习完成，请根据下表要求完成评价，可采用自评与他评的方式评价。

项目考核评价表（100分）　　评价人_____

维度及分值	等级标准					得分
	一等	二等	三等	四等	五等	
学习态度（30分）	每天能坚持本课程相关学习30分钟以上。（25～30分）	每天能坚持本课程相关学习20分钟以上。（15～24分）	每天能坚持本课程相关学习10分钟以上。（10～14分）	每天参与本课程相关学习不到10分钟。（5～9分）	每天参与本课程相关学习不到5分钟。（0～4分）	
能力运用（50分）	能按要求圆满、高效地完成课堂、课后练习全部内容，并指导他人完成。（40～50分）	能按要求独立、圆满地完成课堂、课后练习全部内容。（30～39分）	能按要求完成课堂、课后练习全部内容。（20～29分）	能基本按要求完成课堂、课后练习全部内容。（10～19分）	几乎不能按要求完成课堂、课后练习全部内容。（0～9分）	
知识掌握（20分）	能正确、完整地描述所学的全部知识，能提出与之相关的问题进行探究。（17～20分）	能正确、完整地描述所学的全部知识。（13～16分）	能在他人指导下正确、完整地描述所学的全部知识。（9～12分）	能在他人指导下基本正确、完整地描述所学的全部知识。（5～8分）	几乎不能描述所学的知识。（0～4分）	

反思感悟 ▶▶▶▶

亲爱的同学：通过本项目的学习，相信你已经有了不少收获，请根据下列提示做个记录吧。

1. 我学到的知识有：

2. 我学会的本领是：

3. 我还希望学习的是：

项目 9
介　绍

情境描述

　　在端午节前夕，蓝雨幼儿园举办了端午节活动。活动中保育师介绍了与端午节相关的知识，如端午节的来历、挂艾草的习俗等。活动围绕"端午"元素，开发了节日资源，穿插介绍了幼儿看不到的隐性知识，渗透了中华优秀传统文化内容，起到了润物无声的效果。

　　作为保育师，对于做介绍，你知道有哪些要求吗？

学习目标

1. 能说出介绍的含义和分类。
2. 能按照介绍的基本要求对人、事或物做口头介绍。

学习探索

　　晨间活动刚刚开始，一只壁虎从窗户上滑落下来，摔到窗台上的塑料盒子里，几个小朋友立即围了过去，在保育师的看护下，孩子们好奇地看着、说着。壁虎趴在盒子里，一动也不动，好象死了一样。

　　"壁虎的尾巴掉下来了！"有的小朋友叫了起来。过了好一会儿，壁虎才慢慢地爬上窗户。盒子里留下了一截还流着血的尾巴。

　　午饭前，保育师借来《动物知识手册》，给孩子们介绍了壁虎断尾巴的知识：原来壁虎的尾巴很容易断，遇到危险的时候，它的尾巴就会断掉，这是一种自我保护行为。壁虎是为了逃命才将自己的尾巴故意断掉的，断掉的尾巴还会再长出来。孩子们都觉得太有意思了。

　　通过以上介绍，你觉得保育师应该具备哪方面的能力？

学习驿站

介绍是指对人、事或物做口头的描述、说明或评价。介绍的种类很多，一般分为人物介绍、事物（事理）介绍、事件介绍、环境介绍四类。

一、介绍的类型

（一）人物介绍

人物介绍包括介绍自己和介绍他人两种。介绍的内容一般包括姓名、年龄、身份、个性特点、兴趣爱好、专业特长、个人成就等。可以根据不同的社交场合，有选择性地做介绍。

> **案例** ▶▶▶▶
>
> 一名同学在毕业生双选会上的自我介绍："在校期间，我不断充实和完善自己。学习上我刻苦认真，成绩优异，所学主要基础课和专业课成绩均在优秀水平，平均成绩89分，获得了'优秀学生会干部'称号，每年都获得优秀学生奖学金，除了保育专业课学习，我还注意优化自己的知识结构，适应时代对人才的要求，取得了计算机国家二级证书、普通话水平测试二级甲等证书以及保育师中级职业资格证书。此外，我还积极进行各种社会实践，提高了自己的综合素质，尤其是在今年的顶岗实习中，我获得了宝贵的实践经验。总之，在中职三年期间，我提升了学习技能，不断地鞭策自己前进，成长为一名合格的中职生。"

解析：该同学在求职应聘中做自我介绍时，既突出了个人品德、学业水平，又介绍了实践能力。他把自己的专业能力与应聘岗位需要的能力选择性地做了介绍，很好地契合了用人单位的需求。

> **想一想**
>
> 假设你是一名保育师，应该怎样给幼儿介绍玩教具？

（二）事物（事理）介绍

事物（事理）介绍包括事物介绍和事理介绍。事物介绍是对事物的性质、形状、位置、成因、功能、制作方法等进行的介绍，事理介绍是对某种事理的概念、种类、本质属性、内部联系、科学原理等进行的介绍。

> **案例** ▶▶▶▶
>
> 我家有一个扫地机器人，它全身都是白色的，白帽白裤，像个白衣卫士。它是一个圆柱体，高8厘米，直径26厘米，重量是3.7千克。它底盘的一侧伸出三个白色的边刷，它们不停地画着圈，像灵活的手把垃圾送到底部吸尘器的"门口"。这个扫地机器人比第一代扫地机器人先进多了，你可以在手机上查看它清扫了哪些地方。它的尾部还有一个水箱，水箱下面有一块抹布，可以实现拖地的功能。

解析： 这段事物介绍通过打比方、列数字、作比较等说明方法，对机器人的外形、大小、重量、功能等进行了介绍，突出了机器人的主要特点。

（三）事件介绍

事件介绍主要介绍某事的发生、发展、变化和结局等各要素。

案例 ▶▶▶▶

小武，今年4岁，在与同伴相处时，总会出现打、推、挤等行为。今天离园的时候，张老师趁小武爷爷来接小武这个机会，给他说了小武推倒同学、抢走积木的事情："上午区域活动时间，小武想玩铭铭正在搭建的积木，他二话不说，走上前推倒了铭铭正在搭建的作品，拿了想要的积木就走。铭铭急得哇哇大哭。我连忙安抚铭铭，然后批评了小武。可是，小武好像还是没有明白他自己错在哪儿。请您回去给他讲讲拿人东西，要跟别人商量，征得别人同意，要与小朋友友好相处的道理。"

解析： 张老师给小武爷爷介绍了"小武推倒同学，抢走积木"事件。起因是区域活动时间，小武想玩别人正在搭建的积木；经过是小武二话不说，走上前推倒了铭铭正在搭建的作品，拿了想要的积木就走；结果是积木被抢走的幼儿哇哇大哭起来。这样，整个事件就介绍得很清楚，家园沟通就更加有效了。

（四）环境介绍

环境介绍主要是向别人介绍自己见过、体验过的环境，如学校环境介绍、家乡风景介绍、名胜古迹介绍等。

案例 ▶▶▶▶

小朋友们，在我们幼儿园里，有一个超级好玩的地方，那就是我们的户外攀爬区！攀爬区的最左边是高高的"大山"——攀岩墙，你们穿好装备就可以像小猴子一样，一步一步往上爬，看看自己能爬多高。别担心，下面有软软的垫子保护着你们。紧挨着攀岩墙的是像蜘蛛网一样的攀爬网，你们可以在里面玩一个超级大的捉迷藏游戏。记得要抓好绳子哟！穿过攀爬网就能看到空中攀爬吊桥，大家要像小企鹅一样，一步一步稳稳地走，可以感受风从耳边吹过的感觉哟。小朋友们，在攀爬区里，你们可以找到很多好朋友，如果遇到困难，大家就手拉手一起解决，这样你们就能变得更勇敢、更团结啦！

解析： 保育师语言生动，富有童趣，使用了"超级好玩""超级大"等形容词，以及"小猴子""小企鹅"等动物形象，能很好地激发幼儿的好奇心和探索欲，让他们对攀爬区产生浓厚的兴趣。保育师对攀爬区的设施也进行了详细描述，如"高高的'大山'——攀岩墙"，这样的描述能让幼儿清晰地想象出攀爬区的景象，有助于他们更好地了解和接受。此外，在向幼儿介绍攀爬区的魅力和乐趣的同时也注重了安全教育和团队协作意识的培养。

二、介绍的基本要求

（一）态度大方，声音清晰

在做介绍时，保育师应调整好自己的心理状态，克服紧张、胆怯的心理，遣词造句通俗易懂，做到态度大方、声音清晰，控制好语速、语调，使听众在自然、舒适的气氛中聚精会神地听自己的介绍，达到良好的介绍效果。

案例 ▶▶▶▶

《雪山忠魂》雕塑介绍

解析：在这段音频中，介绍人情感饱满，以深情而庄重的语言对《雪山忠魂》雕塑背后的历史故事和深刻寓意进行了详尽、紧凑、深刻的介绍，成功地传达了雕塑背后的历史故事和深刻内涵，激发了听众的爱国情感和革命精神。

（二）内容真实，抓住特点

实事求是是做介绍的基本要求，唯有符合事实的介绍才能反映事物的真实性和客观性，才能让对方相信并接受。介绍事物时必须抓住其特征，把最具代表性的特征、最能说明问题的特点表述出来。

案例 ▶▶▶▶

保育师给幼儿介绍："松鼠是一种美丽的小动物，很讨人喜欢，它们四肢灵活，行动敏捷。玲珑的小面孔上，嵌着一对闪闪发光的小眼睛，身上灰褐色的毛，光滑得好像擦过油。一条毛茸茸的大尾巴总是向上翘着，显得格外漂亮。

"松鼠喜欢在树枝上跳来跳去，十分机灵。只要有人触动树干，它们就躲在树枝底下，或连蹦带跳地逃到别的树上去。

"松鼠常吃的食物是松子、榛子和橡果，有时候也吃鸟蛋。它们吃东西的时候，常常直着身子坐在树枝上，用前爪捧着往嘴里送。秋天，松鼠就储藏过冬的食物，把食物塞到老树的缝隙里，塞得满满的。"

解析：保育师在介绍松鼠时，先介绍它讨人喜欢的面孔、毛、尾巴等外在特点，再介绍它"在树枝上跳来跳去"的习惯，最后介绍它的吃食方式等习性，给幼儿留下了深刻的印象，这个介绍成功的关键在于抓住了松鼠几个方面的特点。

（三）重点突出，条理清晰

口头介绍不必面面俱到，要根据介绍的具体目的、时间要求、现场情况等，确定介绍内容的多与少、主与次，把最重要的信息传递出来，简述或不述次要的内容。同时，讲究有条理，思路清晰，切忌前言不搭后语。

案例 ▶▶▶

> 托育班幼儿辰辰，不管是什么活动都愿意积极参加，喜欢回答问题，但是在进餐时，用餐的习惯不好。保育师想了很多办法，可是效果不是很明显，后来只能请辰辰到自己身边吃，这样地面才能保持干净；如果请辰辰坐回位置，就又会弄得到处都是。这一天离园时，辰辰妈妈来接辰辰，保育师开心地告诉辰辰妈妈："孩子这段时间进餐习惯明显有好转，能够自己进餐，桌面比以前干净很多。""我们的办法是让孩子到我们身边来吃饭，告诉他不能撒饭，还鼓励他吃饭乖了老师要向妈妈表扬他，坚持了几天真的有好转。"辰辰妈妈说："这个办法好，我回去也要用这种办法，肯定会越变越好。"听了妈妈的话，保育师顺势说："就是要这样，老师和家长用一样的标准，孩子的进步肯定会很大。"

解析：保育师在介绍孩子的表现时，先介绍孩子的优点，"孩子这段时间进餐习惯明显有好转，能够自己进餐，桌面比以前干净很多"；再介绍老师的方法，一是"让孩子到我们身边来吃饭，告诉他不能撒饭"，二是"鼓励他吃饭乖了老师要向妈妈表扬他"。这个介绍简短、重点突出，有条理，思路清晰，向家长反馈了孩子的现状，与家长交流了育儿经验，拉近了与家长之间的距离。

（四）体态语运用得当

体态语丰富而微妙，是人心理的显露、情感的外化。在做介绍时，保育师可充分发挥体态语的表达优势，为自己的介绍锦上添花。

运用提示

体态语必须运用得当，使其发挥应有的辅助有声语言的作用，不然就会画蛇添足，甚至弄巧成拙。准确、自然、协调和适度是体态语的基本要求。

实训活动

云测试

活动一

一、活动名称
毛遂自荐

学习笔记

二、活动目标

1. 把握自我介绍的特点，明确介绍要求。

2. 能自信大方、条理清楚地进行介绍。

三、活动要求

1. 每人用 15 分钟时间，结合自己的专业，准备 1～3 分钟求职面试的自我介绍。

2. 在小组内依次做自我介绍，每组评出 1 名优胜者。

3. 依据评分参考标准，进行自评和互评。

4. 介绍内容包括个性特点、兴趣爱好、特长、获奖情况等。

四、活动材料

评分参考要点：

内容方面（50分）	表达方面（50分）
1. 开场白新颖（5分）	1. 神态自然（10分）
2. 基本信息完整（10分）	2. 体态端庄（10分）
3. 优点突出可信（15分）	3. 眼神交流（10分）
4. 时间控制好（5分）	4. 语速适中（10分）
5. 与职位相契合（10分）	5. 条理清晰（10分）
6. 礼貌用语（5分）	

活动二

一、活动名称

"有晴有雨"的莎莎

二、活动目标

1. 能向家长清楚地介绍莎莎在幼儿园的一日活动表现。

2. 在介绍时能抓住表现莎莎"有晴有雨"情绪变化的重点事件。

3. 在介绍时能做到仪表仪态得体。

三、活动要求

1. 准备 3 分钟。

2. 在小组内尝试介绍"有晴有雨"的莎莎，再推荐一名同学到班上展示。

3. 介绍时做到实事求是，"晴""雨"情绪变化的重点事件有代表性。

4. 介绍重点事件时，能介绍清楚事件的发生、发展、变化和结局。

活动三

一、活动名称

午餐报告

二、活动目标

1. 能为幼儿介绍午餐的食物及其营养价值。

2. 介绍时自然大方，条理清楚。

3. 介绍时做到语言亲切、生动，有一定的感染力，能激发幼儿的食欲。

三、活动要求

1. 全班按照6人或8人一组，围坐一圈，推荐1人扮演保育师，其他成员扮演幼儿。

2. 模拟保育师向幼儿介绍午餐的菜品及其营养。

3. 注重介绍内容的科学性、准确性。

4. 小组推荐1人在全班做展示，师生点评。

活动四

一、活动名称

水稻奇遇记

二、活动目标

1. 能协助班级教师在家长开放日大方、得体地向参观的家长介绍本班的课程墙。

2. 做介绍时，能根据课程实施的脉络清楚有序地介绍探究过程。

3. 做介绍时，能做到体态语使用得当。

三、活动要求

1. 配合班级教师一起制作"水稻奇遇记"课程墙。

2. 熟悉介绍稿的主要内容。

3. 在小组介绍"初识水稻""水稻的成长""水稻制品"等探究活动的过程。

4. 在小组中开展相互评价。

活动五

一、活动名称

《浩气长存》雕塑介绍

二、活动目标

了解雕塑作品的基本情况和创作背景，感受革命者们视死如归的精神风貌和震天撼地的浩然正气。

三、活动要求

1. 在小组中，1人模拟导游介绍重庆红岩魂广场《浩气长存》烈士群雕作品。

2. 重点介绍作品表现的主题和作品背景。

3. 小组中的成员扮演观众，专注倾听介绍。

四、活动材料

模拟操练：请介绍重庆红岩魂广场《浩气长存》烈士群雕。

《浩气长存》烈士群雕位于重庆歌乐山烈士陵园红岩魂广场台阶与烈士公墓之间，由438块红色花岗石堆砌而成，共19层，高11米，四周各宽7米。1980年由山城少年儿童集资，市委、市政府拨款，在各界人士的大力支持下，经过六个寒暑的设计施工，烈士群雕于1986年竣工落成。烈士群雕主题为"浩气长存"，雕刻有9位烈士形象，均是牺牲在集中营的烈士群体代表。群雕采用中国传统石窟艺术的"中心塔柱式"结构，集阁雕、浮雕之所长，以连环组合的形式，将烈士们的精神和素质表现得既伟大又平凡质朴，同时也使群雕具有永恒的凝聚力和感召力。

巩固练习

1. 请以"我的家乡"为题，对家乡的一个风景区进行口头介绍，力求突出特点，给人留下深刻印象，介绍时做到态度大方、自然，体态语得体。

2. 请你代表本班，以"我的班级我的班"为主题，对本班的班风、学风、班级标志、教室环境布置、班级文化，以及富有个性特点的同学等进行介绍。介绍时，突出重点，抓住班级特点，有激情，适当运用体态语。介绍的时间为2~4分钟。

⊙ 拓展提升 ▶▶▶▶

一、介绍的顺序

将许多人介绍给一个人或在被介绍的两方中选择一方先进行介绍，这两种情况都应依照"尊者居后"的原则进行，示例如下：

先介绍	后介绍
男士	女士
晚辈	长辈
客人	主人
未婚者	已婚者
晚到者	早到者
职位低者	职位高者

二、介绍的称呼

准确恰当地称呼被介绍者，不仅有利于双方对彼此的了解，而且会使人产生愉悦满足的心理感受。

三、介绍用语

为表示对他人的尊重和礼貌，介绍时多用敬词、谦词，如"请允许我为您介绍……""请允许我来介绍，这是……""很荣幸能介绍各位认识，这位是……，这位是……"。在一些场合，介绍有名望、有成就的人物时，还可以恰当地运用赞美之词，如"这位就是大名鼎鼎的 ×××"。

本项目学习完成，请根据下表要求完成评价，可采用自评与他评的方式评价。

项目考核评价表（100分）　　评价人_____

维度及分值	等级标准					得分
	一等	二等	三等	四等	五等	
学习态度（30分）	每天能坚持本课程相关学习30分钟以上。（25~30分）	每天能坚持本课程相关学习20分钟以上。（15~24分）	每天能坚持本课程相关学习10分钟以上。（10~14分）	每天参与本课程相关学习不到10分钟。（5~9分）	每天参与本课程相关学习不到5分钟。（0~4分）	
能力运用（50分）	能按要求圆满、高效地完成课堂、课后练习全部内容，并指导他人完成。（40~50分）	能按要求独立、圆满地完成课堂、课后练习全部内容。（30~39分）	能按要求完成课堂、课后练习全部内容。（20~29分）	能基本按要求完成课堂、课后练习全部内容。（10~19分）	几乎不能按要求完成课堂、课后练习全部内容。（0~9分）	

续表

维度及分值	等级标准					得分
	一等	二等	三等	四等	五等	
知识掌握（20分）	能正确、完整地描述所学的全部知识，能提出与之相关的问题进行探究。（17~20分）	能正确、完整地描述所学的全部知识。（13~16分）	能在他人指导下正确、完整地描述所学的全部知识。（9~12分）	能在他人指导下基本正确、完整地描述所学的全部知识。（5~8分）	几乎不能描述所学的知识。（0~4分）	

反思感悟 ▶▶▶▶

亲爱的同学：通过本项目的学习，相信你已经有了不少收获，请根据下列提示做个记录吧。

1. 我学到的知识有：

2. 我学会的本领是：

3. 我还希望学习的是：

项目 10
激 励

情境描述

在韵律活动中，幼儿都随着欢快的乐曲跳舞。保育师张老师希望幼儿能够自告奋勇到前面表演，很多幼儿都很积极，举手争着上台。但是萍萍胆子较小，不爱在大家面前表现。张老师鼓励她说："萍萍，刚才老师看到你舞蹈跳得挺好的！来，到前边来，给大家表演一下，我相信你是很棒的，小朋友们也会为你点赞的！"张老师说话的语气亲切而坚定，目光里充满了期待和对萍萍的喜爱，边说边用手势示意她到前面来。萍萍受到鼓励，完成了表演。

对于不自信、胆子小的幼儿，你知道该怎样鼓励吗？

_____
_____
_____

学习目标

1. 知道激励语的含义和作用。
2. 能灵活运用激励的技巧，对不同个性的幼儿进行激励。
3. 提高理解幼儿、关爱幼儿的职业素养。

学习探索

小黄在幼儿园小班实习，有一个叫彬彬的小朋友，午休起床时穿不上鞋，很沮丧。这时小黄鼓励他："彬彬，你自己再试试，我相信你是可以的。彬彬加油！穿好了我们就可以去玩游戏啦！"听了小黄的话，彬彬更慌乱了，穿了很久仍然一只鞋也没有穿上。

为了让彬彬学会穿鞋，小黄应该怎么说呢？

_____
_____
_____

激励语

学习驿站

激励语是保育师运用赞美、表扬、激将、勉励等话语鼓励幼儿积极进取、奋发向上的教育口语。激励语既可以增强幼儿的自信心，调动幼儿积极向上的热情，发挥幼儿的潜能，又可以帮助幼儿自主调节不良行为，自觉放弃一些消极的想法。

激励语倾向于鼓励、引导，通常在幼儿遭遇挫折或出现畏难情绪时使用。激励语的特点是鼓动性强、赞扬性强、刺激性强，效果明显。

美国心理学家威廉·詹姆斯研究发现，一个没有受过激励的人仅能发挥其能力的20%～30%，而当他受过激励后，能力可以发挥80%～90%。在教育过程中，激励至关重要。保育师要找准幼儿的动情点，运用肯定性、鼓励性的语言激励他们，从而增强他们的责任感和自信心，促使他们产生积极行动的内驱力。

一、激励语的使用要求

（一）态度明确，充分信任

保育师要善于发现幼儿身上的闪光点，肯定幼儿良好的思想和行为表现；用肯定的语气清楚地告诉幼儿应该怎么做，同时可以配合使用表情、肢体语言等体态语，使幼儿感受到保育师的充分信任，这样幼儿在调节、改变自身行为时会更明确、更有自信。

> **案例** ▶▶▶▶
>
> 在班级开展的民间游戏走高脚中，悠悠由于害怕，总是不敢尝试。保育师刘老师走过去，摸着她的头说："悠悠，你是一个勇敢的孩子，老师相信你完全有能力独立完成这个挑战。老师会在旁边为你加油鼓劲，但真正的勇敢来自你自己的内心。加油！"

解析：刘老师的激励语不仅体现了对悠悠的信任和支持，还巧妙地引导她认识到勇敢的重要性，并鼓励她独立面对挑战。这样的鼓励方式有助于激发幼儿的勇气和自信心。

（二）及时激励，富有激情

想要成功激励幼儿，保育师需结合具体事件当场激励，如果事后再激励，效果会大打折扣，这也是幼儿园随机教育的一个特点。在激励时，保育师的语言要亲切，语调要高昂且富有激情，使幼儿从低沉消极的情绪中解脱出来，帮助他们正确认识自我，树立信心。

> **案例** ▶▶▶▶
>
> 在幼儿园运动会接力赛的紧张时刻，大一班暂时落后，七仔作为最后一棒焦急万分。这时，保育师张老师走到七仔身边大声地对他说："嘿，七仔，看这里！现在是超级英雄出场的时间啦！你就是我们大一班的闪电侠，是那个能给大家带来惊喜和希望的超级小英雄。加油！"

解析： 保育师张老师用儿童化的激励语成功地激发了七仔的积极性和自信心，让他感受到了自己的重要性和团队的支持。

（三）因人而异，有针对性

保育师要细心观察，充分了解每一个幼儿的个性特征，讲究激励策略，有针对性地设计激励语。

1. 对多血质和胆汁质幼儿要有鼓动性

对于活泼热情、容易冲动的多血质和胆汁质幼儿，保育师的激励语要有鼓动性。要直视幼儿，适当增加体态语，使幼儿情绪高涨，同时，还要善于趁热打铁，点出问题的核心，委婉表明态度和要求，有意提升幼儿的境界，达到使其"热情澎湃"而自愿采取行动的效果。

> **案例** ▶▶▶▶
>
> 果果是一个外向的孩子，平时喜欢表演区的活动。这天果果和其他几个小朋友一起玩"三只蝴蝶"游戏，果果扮演红花。看到陆陆续续来了很多小朋友，果果感受到了压力。轮到她出场说话时，她怯场了，不敢上台。旁边的小朋友东张西望，不知怎么回事，开始散去。
>
> 保育师马上走了过去，一边唤回走开的幼儿，一边挥着手说："上啊！果果，怎么啦？""每一次都是你演得最好，相信你，大家都等着呢！""快上去，大家都等着给你加油哟！""果果最棒！"保育师带头给她鼓掌。其他小朋友也说："果果最棒！"听见这些话，果果来劲儿了："演就演，上！"说完开开心心地和大家继续表演了。

解析： 保育师根据幼儿活泼、外向的性格特点，使用鼓动性的激励语，对幼儿的心理和行为产生正向激励，使幼儿情绪高涨，完成了活动。

2. 对黏液质幼儿要在抚慰中启发

对于沉默寡言、安静稳重的黏液质幼儿，保育师应使用悦耳、活泼的语言，面带微笑，给予幼儿更多抚慰，鼓励和引导他们参加活动；同时，要注意启发幼儿多角度、多侧面地思考和解决问题，帮助幼儿找到解决问题的办法。

案例 ▶▶▶▶

方方性格有点内向，不爱说话。一天，保育师张老师组织幼儿把自己心爱的玩具带到幼儿园和小朋友分享。其他幼儿都很快和旁边的小朋友玩起了玩具，只剩方方还站在原地。张老师走过去，问道："方方，你想和谁玩，喜欢哪个玩具？"见方方支支吾吾的，张老师微笑着说："没关系的，你的遥控汽车很好玩，一定有小朋友喜欢。"方方走到亮亮面前，看着亮亮的玩具，没有说话。张老师拉着方方的手，说道："我喜欢亮亮的玩具，你能帮我问问他可以借给我们玩吗？"方方点点头，小声说："我的汽车是遥控的，我们换着玩儿吧。"方方和亮亮高兴地玩起了玩具。

解析： 这位保育师根据幼儿的性格特点，在鼓励幼儿的同时，以游戏者的身份加入幼儿的游戏，语气平和、声音亲切，让幼儿在肯定中获得自信，成功融入了游戏。

3. 对抑郁质幼儿要多理解、多帮助

对于反应稍嫌迟缓但细心的抑郁质幼儿，保育师需要用和蔼的目光注视着幼儿，用亲切、柔和的语气与幼儿对话，用肯定性的评价帮助幼儿树立起信心，积极参与各项集体活动。

案例 ▶▶▶▶

室内感统训练结束后，到了玩大型玩具的时间，孩子们兴奋地选择要玩的地方。婷婷选择了比较矮的滑梯。一会儿轮到她玩了，但是她迟迟不肯上去，双手一直紧紧地抓着扶手。后面排队的小朋友开始不满了，吵吵嚷嚷地要求前面的走开。她还是紧紧地抓着扶手，不敢玩，但是又舍不得走开。保育师请她站到边上，先看别的小朋友玩。看了一会儿，她来找保育师，说："老师，我要玩滑梯。""好的，去玩吧。"保育师鼓励她。她高兴地去玩，可是走上去之后还是害怕，怎么也不肯滑下来。她很焦急地喊保育师，张开手要保育师扶着她滑。几次以后，保育师开始放手："宝贝，没事儿，你行的！"终于，婷婷自己滑了一次。

解析： 保育师根据孩子怯懦的个性特点，在安慰孩子的同时，给予适当的帮助，相信孩子的能力，鼓励孩子多参与游戏，帮助孩子树立了信心。

二、激励语的使用技巧

（一）目标激励

用充满期待的话语，给幼儿树立一个能够完成的目标，相信、鼓励幼儿为完成目标而努力。

> **案例** ▶▶▶▶
>
> 小班的甜甜是一个性格比较内向的小姑娘，不喜欢与其他小朋友交流。今天的游戏是表演"小兔乖乖"，大家都争先恐后地要表演小兔子，只有甜甜一个人呆呆地坐在板凳上，似乎无动于衷。这时候，保育师走过去说："甜甜，你学小兔子跳最可爱了，老师最喜欢看你学小兔子跳了，相信你一定能完成！"甜甜问道："真的吗？"保育师说："当然了！"于是，甜甜离开小椅子学小兔子跳了起来。保育师还带动小朋友一起帮甜甜念儿歌。"小兔子乖乖，把门开开，快点开开，我要进来。"经过多次训练，甜甜克服了恐惧，能主动上台表演了。

解析：保育师根据幼儿的性格特点，用充满期待的话语，给幼儿树立一个能够完成的目标，相信、鼓励幼儿为完成目标而努力；并在鼓励幼儿的同时，以游戏者的身份加入幼儿的游戏中，让幼儿在肯定中获得了自信，成功融入了游戏。

> **想一想**
> 如果给幼儿设定的目标过高，幼儿通过努力仍然无法完成，那幼儿可能会有哪些表现？

（二）榜样激励

利用幼儿身边或已有经验中的人或事，激励幼儿学习效仿。

> **案例** ▶▶▶▶
>
> 早餐时间，嘉彦拿到餐点来到座位吃早餐，他来得较早，慢慢悠悠地剥着鸡蛋，把一些蛋壳丢到了渣盘外，但他没有理会，继续就着燕麦粥吃。一会儿宛辰也端着早餐来到了这一桌，她先是看了看桌面上的蛋壳，然后看向嘉彦。嘉彦没有理会她，继续吃着。保育师看到宛辰不想坐那一桌了，她走过来对嘉彦说："嘉彦，为什么宛辰不想坐这里了啊？"嘉彦回答："我也不知道。""你看苹果组小朋友的桌面好干净啊！所以小朋友们都想坐在干净的那一桌。如果我们也像苹果组的小朋友那样爱干净，那是不是也有很多小朋友愿意坐在我们香蕉组呢？"嘉彦听了保育师的话，转身去拿毛巾把蛋壳抹进了渣盘。很快就有其他小朋友过来坐下一起吃早餐了。

解析：保育师根据嘉彦的性格特点，在发现问题后及时引导，以身边良好行为的范例激励幼儿，语气平和、亲切，促使幼儿产生责任感，并积极行动起来，更好地融入集体生活。

学习笔记

（三）忠告勉励

用最能触动幼儿心灵的忠告语言或赠言，勉励幼儿，激发其深入思考或奋起前进。

> **案例** ▶▶▶▶
>
> 在绘画活动中，幼儿设计小汽车。保育师看到源源坐在小椅子上没有动笔。保育师指了指图画本，说："源源，你怎么还没有动笔呢？""老师，我不画。"源源说。保育师看着源源，目光里充满了期待和对源

源的喜爱，对源源说："不会没有关系，画得不好也没有关系，但我们必须大胆地去尝试！我们一起来想一想车子由哪几部分构成，分别是什么形状的……"源源想了想拿起笔在纸上画起来。"这是画的车身吧，你画得很好呀，继续加油，把你最喜欢的小汽车画出来吧。"

解析： 源源是个比较胆小的孩子，不愿尝试，每次绘画时都迟迟不愿动笔。他需要引导，而且是心理引导，而非技能引导。保育师所要做的是让幼儿有绘画（用笔在白纸上探索）的意愿、乐趣和空间，所以对幼儿提出忠告"我们必须大胆地去尝试"。

源源的绘画造型能力较弱，还没有建立起"如何去画一个事物"的思路与方法。基于此，保育师又从提高幼儿的造型能力出发，让幼儿观察车身的形状，激发幼儿"我也能"的信心和想画的欲望。

运用提示

反话刺激并不适于所有人，多用于心胸较为开阔的幼儿，运用时要慎重。

（四）反话刺激

用反面的话刺激幼儿，使其迅速奋起。例如，针对幼儿的状态直截了当给以否定的语言刺激，促其奋起，改变现状；或有意识地褒扬他人，激发幼儿超过他人的决心；或褒扬幼儿过去的优点和成绩，刺激其改变现状等。

案例 ▶▶▶▶

户外体育活动开始了，保育师带着孩子们学习跳马。其他小朋友一次又一次地去跳马，只见其其跳了一次之后就一直站在队伍最后面。保育师走过去问："其其，你怎么不继续跳了呢？"她支支吾吾地说了一句："我累了，先休息一会儿。"保育师微笑着说："好吧，你先休息一会儿，我去看看子爱跳马，她好厉害，跳了几次都轻松跳过去了哟！"其其站在队伍后面悄悄看着子爱，保育师接着说："哎呀，子爱好勇敢，她第一次没有跳过去，第二次也没有跳过去，可她没有放弃，比那些在一旁不敢跳的小朋友勇敢多啦！"其其听了，着急地跟着队伍往前走，大声说："我也可以的！"接着其其大胆地又去练习了，活动结束时，其其终于可以像子爱那样熟练地跳马了。

解析： 保育师根据这名幼儿的性格特点——不服输，在她放弃游戏时给予语言上的刺激，通过对他人的肯定，激发她超过同伴的决心，成功地让她继续参与游戏。

实训活动

云测试

活动一

一、活动名称

彬彬，你行的！

二、活动目标

1. 能设计恰当的激励语。

2. 能在班上模拟展示与彬彬的对话。

三、活动要求

1. 分析彬彬的个性特点。

2. 在小组中分享自己设计的激励语。

3. 能在班上模拟展示与彬彬的对话。

4. 对同学的展示分享进行评价。

活动二

一、活动名称

我也来激励

二、活动目标

1. 能根据激励的要求总结一些激励的话语。

2. 设计激励语能做到有针对性，展示激励语时有适当的体态语配合。

3. 能在吸纳、借鉴其他同学设计的激励语的基础上积累激励语。

三、活动要求

1. 分组尝试写 5 句适合幼儿的激励语。

2. 每人在小组内展示，模拟对幼儿说激励的话。

3. 展示时做到表情丰富、体态语得体。

4. 小组汇总、积累本组的激励语。

5. 选出最有代表性的 3 句在班上展示。

四、活动内容

说说激励幼儿的话语，积累激励语。

活动三

一、活动名称

帮助秋秋

 学习笔记

二、活动目标
1. 能根据秋秋的个性特点，设计有针对性的激励语。
2. 模拟激励时，做到态度明确，对幼儿充分信任。
3. 模拟激励时，富有激情，体态语得当。

三、活动要求
1. 小组商讨对策，怎样帮助秋秋小朋友。
2. 小组汇总计策，尝试对秋秋说激励的话。
3. 每小组推荐一位代表在班上展示对秋秋的激励，做到表情丰富、体态语得体。
4. 全班评议上台展示的代表。

四、活动内容
模拟保育师，对吃饭慢、饭量小、说话声音小、起床慢、游戏中畏手畏脚、走路常常低着头的秋秋小朋友，说激励的话语。

 巩固练习

请根据下面的教育情境，尝试设计相应的激励语。

1. 午睡后，小班幼儿君君穿裤子时，试了好几次都穿不进去，着急得都快哭了。

2. 萍萍学习踏步舞蹈动作时，很不协调，怎么也学不会。

拓展提升 ▶▶▶▶

如何激励性格内向但各方面均表现良好的幼儿参选值日生或班级小助手？

学习评价

本项目学习完成，请根据下表要求完成评价，可采用自评与他评的方式评价。

项目考核评价表（100分）　　评价人_____

维度及分值	等级标准					得分
	一等	二等	三等	四等	五等	
学习态度（30分）	每天能坚持本课程相关学习30分钟以上。（25～30分）	每天能坚持本课程相关学习20分钟以上。（15～24分）	每天能坚持本课程相关学习10分钟以上。（10～14分）	每天参与本课程相关学习不到10分钟。（5～9分）	每天参与本课程相关学习不到5分钟。（0～4分）	
能力运用（50分）	能按要求圆满、高效地完成课堂、课后练习全部内容，并指导他人完成。（40～50分）	能按要求独立、圆满地完成课堂、课后练习全部内容。（30～39分）	能按要求完成课堂、课后练习全部内容。（20～29分）	能基本按要求完成课堂、课后练习全部内容。（10～19分）	几乎不能按要求完成课堂、课后练习全部内容。（0～9分）	
知识掌握（20分）	能正确、完整地描述所学的全部知识，能提出与之相关的问题进行探究。（17～20分）	能正确、完整地描述所学的全部知识。（13～16分）	能在他人指导下正确、完整地描述所学的全部知识。（9～12分）	能在他人指导下基本正确、完整地描述所学的全部知识。（5～8分）	几乎不能描述所学的知识。（0～4分）	

反思感悟

亲爱的同学：通过本项目的学习，相信你已经有了不少收获，请根据下列提示做个记录吧。

1. 我学到的知识有：

2. 我学会的本领是：

3. 我还希望学习的是：

项目 11
批 评

情境描述

区角活动时，小亮跑来跟保育师王老师说："老师，老师，两篮子雪花片不知道被谁撒了一地，到处都是，我们连走路的地方都没有啦。"王老师一听，生气地来到建构区，看到只有明玥坐在地上挑选雪花片。王老师便把明明叫起来训斥道："你要玩就好好玩，需要多少取多少，为什么要把这些全部撒在地上！"明明诧异地看着王老师，解释道："不是我撒的。"王老师追问："不是你还有谁，那你告诉我是谁干的！"明明委屈地边哭边说："不是我，不是我，呜呜呜……"

你认为王老师做得对吗？如果是你，你会怎么做呢？

学习目标

1. 能说出批评的内涵和类型。
2. 能根据不同的情况选择合适的批评方法并准确运用。
3. 树立"以幼儿为本"的教育理念。

学习探索

1. 同桌两人为一组，选择对方在日常生活中的小缺点、小错误进行"互评"。

批评对象：

批评内容：

2. 写下听到对方对自己批评后的感受。

 学习笔记

在保育师工作场景中，批评是比较常见的口语类型之一。按照幼儿园教育"保教结合"的原则，结合《保育师国家职业技能标准（2021年版）》的要求，保育师不仅承担着婴幼儿生活照料、安全看护、营养喂养等工作，还肩负着教育、引导婴幼儿的使命。因此，学会批评的职业口语是保育师提升工作能力的应有之义。

批评，即评判、评论，主要指对缺点和错误提出意见，是教育者引导受教育者形成正确的认知、培养明辨是非的能力、形成良好行为习惯的一种教育手段。批评不是教育者"管住"受教育者的"刑具"，而是一种教育期望、职业责任和人文关怀。

一、对批评的理解

（一）批评是一种关注

关注婴幼儿，是保育师的一项重要能力。在工作中，保育师既要面向全体，又要关注个别。保育师对幼儿生活、游戏、安全、健康等各方面情况的观察和了解，是批评行为的前提。因此，保育师的批评是关心关注婴幼儿的体现。

（二）批评是一种期望

从外在表现形式上看，批评一般是严格的、严肃的，甚至是严厉的，表现出一种"硬"的力量。从内在出发点看，批评是保育师发现对婴幼儿成长不利的因素后采取的一种教育手段，蕴藏着对婴幼儿真诚美好的愿望、向善向好发展的期望，体现出"软"的情感关怀。

（三）批评是一种促进

批评的目的不是"打压""惩罚"婴幼儿，而是促进婴幼儿更好地发展。婴幼儿年龄尚小，生活经验不足，认知水平较低，难免存在一些不尽如人意的地方，需要成人的帮助。保育师的批评，正是一种"以人为本""发展为本"的促进手段。

二、批评的类型

不同教育者有不同的教育风格，对待同一件事情有不同的处理方式。保育师在工作场景中用到的批评一般可以分为以下几种类型。

（一）开门见山式

开门见山式的批评，是直截了当、一针见血地指出婴幼儿所犯的错误、存在的问题，这种方式能快速、有效地提出批评意见、达到批评的目的。

> **案例** ▶▶▶▶
>
> 中午就餐时，童童把筷子头含在嘴里，与左右两边的小朋友说笑。保育师发现后批评道："童童，赶紧把筷子从嘴里拿出来，这是非常危险的行为！一不小心就会伤到你自己，下次绝对不能这样做了！"

解析：保育师直接指出和制止幼儿不合理的行为，让幼儿明白了这种行为的危险性。

（二）含蓄影射式

含蓄，指委婉地表达；影射，指用一种事物暗示或说明另一种事物。含蓄影射式的批评，是通过间接的方式让幼儿自觉意识到错误，从而激发出改正错误的内在动力。

> **案例** ▶▶▶▶
>
> 绘画活动结束收拾整理水彩笔时，畅畅经常忘记盖笔筒盖，这容易出现笔筒盖丢失或者笔筒内吸附灰尘难清理的情况。老师多次提醒，畅畅却不以为然。保育师找到畅畅说："我们来玩一个游戏吧，挑战张开嘴巴保持三分钟不准闭上。"畅畅一听玩游戏就欣然答应了。还不到30秒，畅畅就坚持不住了，说："嘴巴一直张着好难受呀，空气中的细菌和灰尘还会跑到我嘴巴里。"保育师趁热打铁地说："那你觉得笔筒一直张着嘴巴好不好呢？"畅畅赶紧去把笔筒盖上了。

解析：保育师根据幼儿的心理特征，采用体验和移情的方式，委婉地提出批评，让畅畅自觉认识到了错误且记忆深刻。

（三）欲抑先扬式

赞美的语言如温暖的春风，让人舒坦惬意，从而产生一种安全感。欲抑先扬式的批评，是指在批评之前，先提出值得肯定和表扬的方面，让受批评者在心理上形成一个缓冲带，再适时提出批评意见，以便更好地达到教育目的。

> **案例** ▶▶▶▶
>
> 在玩区角游戏时，小亮抢先将新添置的几个玩具全部抱在怀里，只分给他最好的朋友小帆玩，不愿意分给其他小朋友。保育师发现情况后，对小亮说："小亮真是一个懂得关心朋友的好孩子。小帆肯定很喜欢你。但是如果你能将玩具分享给更多的小朋友，就会有更多的小朋友喜欢你了，自己占着玩具可不是让人喜欢的行为哟。"

解析：这种欲抑先扬的方式，更容易让小亮接受，比直接命令他拿出玩具的效果要好。

（四）榜样激励式

根据社会学习理论的观点，婴幼儿擅长模仿和观察学习。榜样激励式的批评，是运用正面的榜样起到示范作用，婴幼儿通过自身与榜样的对比，发现差距，积极向榜样看齐。

案例 ▶▶▶▶

> 小旭的妈妈跟老师反馈，小旭在家里不愿意刷牙，家长怎么说都不听。保育师在餐前游戏时，对所有小朋友说："今天我们来寻找最美笑容，请小朋友们露出你们的牙齿使劲儿地笑出来吧！我发现了小兰、小琼、小山的笑容最美，你们看他们白白的牙齿……小朋友们只要认真刷牙、保护自己的牙宝宝，每个人都可以拥有最美的笑容哟！"

运用提示

榜样人物可以有很多种，如英雄模范人物、家长、教师、身边的同龄人、电影电视和文学作品中的典型形象等。

解析：榜样的运用让小旭直观地看到了刷牙和不刷牙的对比情况，起到一种无形的激励作用。

（五）民主商讨式

民主商讨式的批评，是保育师以平等的身份与婴幼儿对话，采用平和、讨论的口吻，将批评的信息与被批评者交流商讨，达到批评的目的。

案例 ▶▶▶▶

> 午睡时其他小朋友都在安静地睡觉，只有小章一个人在床上玩枕头，不时发出响声。保育师悄悄地与小章展开了对话。"玩枕头会影响其他小朋友休息，你可不可以不玩枕头了呢？""不玩枕头了我也不想睡。""可以告诉老师不想睡的原因吗？""我不想一个人睡。""那我去娃娃家把你最喜欢的小企鹅抱过来陪你睡，好吗？""真的吗？""小企鹅陪你睡了就不能影响其他小朋友休息了哟……"

解析：保育师以关心和商量的口吻，让小章感受到爱护和信任，避免了对立和反抗情绪，达到了较好的批评效果。

三、批评的运用要领

（一）客观公正、实事求是

在运用批评之前，保育师一定要充分了解事实真相，不能"听风就是雨"，避免造成师生之间的误会和矛盾。另外，保育师在批评婴幼儿时，不能带有主观偏见，而要客观公正、一视同仁。

批评的运用要领

（二）言之有物、指向明确

批评的内容要有明确的指向，说清具体的原因，不能只是愤怒、斥责式地发泄情绪。婴幼儿并不清楚自己错在哪里，保育师只发泄情绪不仅达不到批评的效果，反而会使婴幼儿无所适从。

（三）把握弹性、适时适度

在使用批评时，保育师既要注意及时性和果断性，又要根据实际情况把握好弹性，一般不宜"穷追不舍"，根据情况"点到为止"即可。

（四）发扬民主、以身作则

保育师要与婴幼儿以平等的身份对话，在使用批评时不能独断专行、高压灌输，要适当倾听和关注婴幼儿的想法。同时，保育师在批评时要注意自身的仪容教态、言行举止，要求婴幼儿做到的自己要先做到，为婴幼儿树立良好的榜样。

四、批评的运用流程

（一）明确批评的目的

批评以促进婴幼儿发展为根本目的。针对不同的情况，保育师对要达到的目的心中有数。如果是态度方面的问题，批评的目的主要是引导婴幼儿形成正确的认知；如果是能力方面的问题，批评的目的主要是提出具体的指导意见，帮助婴幼儿；如果是行为方面的问题，批评的目的主要是引导婴幼儿纠正不良行为；如果是情绪方面的问题，批评的目的主要是引导婴幼儿合理控制情绪。

（二）分析批评的对象

每个婴幼儿都是具有独特性、差异性的个体，正如世界上没有两片完全相同的树叶。心理学上将人的气质类型分为四种，不同气质类型的人具有不同的性格和行为模式。在运用批评之前，保育师要分析不同婴幼儿的具体情况，使批评具有针对性和实效性；此外，还要关注和分析婴幼儿行为背后的原因。

（三）找准批评的时机

对于普遍性的问题、共性的错误，宜在了解清楚情况后尽快提出批评，防微杜渐；对于个别的、特殊的问题，不宜在公众场合直接提出批评；对于涉及面广、矛盾尖锐的问题，可先"冷处理"，在充分调研了解情况后择机提出批评。

（四）选择批评的方法

批评对象的情况不同，采取的批评的方法也有所不同。保育师可以根据心理学上四种气质类型婴幼儿的特征选择适宜的批评方法（如表 2-1 所示）。

我们可以从哪些方面分析婴幼儿行为背后的原因呢？

如何根据孩子的气质类型选择批评方法

表 2-1　针对不同气质类型婴幼儿宜采用的批评方法

气质类型	性格特点	宜采用的批评方法
胆汁质	精力旺盛、热情直率，但情绪激烈、性格暴躁。	可采用开门见山式的批评方法，但要注意摆出事实、明确态度，语气上避免强硬激烈；对于情绪激烈的胆汁质婴幼儿，可先采取"冷处理"的方式，而后采用民主商讨式的批评。
多血质	活泼好动、反应敏捷，但情绪易变、难以静心。	宜采取含蓄影射式的批评方法，启发暗示往往比直接批评的效果更好。
黏液质	安静稳重、有耐久性，但反应稍显迟缓、不够灵活。	宜采取榜样激励式的批评方法，以柔和的方式让婴幼儿在观察和对比中意识到错误、明白改进的方向。
抑郁质	性格内向、情绪敏感，但安静踏实。	可采用欲抑先扬式、民主商讨式的批评方法，保育师一定要考虑到婴幼儿的情绪感受，避免伤害婴幼儿脆弱的心灵。

每个婴幼儿身上可能同时存在不止一种气质类型的特点，或者同一个婴幼儿在不同的时间有不同的气质表现，这就需要保育师根据具体的情况采取合适的批评方法。

（五）关注批评的反馈

一般来说，人们会自觉认为批评是贬义的。批评难免会给人带来不愉快的体验，批评的效果也不一定如人所愿。因此，保育师在批评婴幼儿之后，还要关注婴幼儿的情绪反应以及批评的效果，做好"善后工作"。

实训活动

云测试

活动一

一、活动内容

对语言暴力说"不"

二、活动目标

1. 意识到教师语言暴力的危害。

2. 能辨别不合理的批评语。

3. 激发对自身语言习惯的反思。

三、活动要求

1. 在网上搜索《批评孩子的合理边界在哪儿——教师语言霸凌学生事件的

反思》并观看视频。

2. 记录视频中不合理批评语的关键词。

3. 思考教师语言暴力带来的危害以及如何避免语言暴力。

四、活动材料

1. 在下面的表格中记录视频中提到的不合理的批评语。

不合理的批评语	视频中的关键词
脏话	
伤害孩子自尊的话	
宣泄自己情绪的话	
迁怒的话	
孤立孩子的话	

2. 请列举教师的语言暴力——不合理的批评语有哪些危害。

3. 请与同学讨论：如何避免语言暴力？

活动二

一、活动内容

案例分析

二、活动目标

1. 能在具体教育情景中分析批评的方法。

2. 在对比中感受批评的艺术和技巧。

三、活动要求

认真阅读活动材料并完成对案例的分析。

四、活动材料

在户外体育活动中，孩子们正在进行平衡木接力小组比赛热身，保育师在场协助组织。

案例一：

幼儿：我害怕，我不敢。

保育师：这有什么不敢的，你看前面的小朋友走得多好。

学习笔记

幼儿：我害怕，我走不好。

保育师：你会走路吧？学着前面的小朋友那样走就行了。

幼儿：我还是害怕。

保育师：哎呀，你怎么这么胆小呀，你再不快点上去，后面的小朋友都等急了！

幼儿心里更着急了，坐在地上哇的一声哭了。

案例一中的批评方式存在什么问题？

案例二：

幼儿：我害怕，我不敢。

保育师：老师感受到你的紧张了，你是害怕会掉下去吗？

幼儿：嗯，我怕走不好会掉下去。

保育师：你看我们的平衡木只有这么高一点，而且下面还有防摔垫，不用害怕。

幼儿：我还是不敢。

保育师：你不是以后想要成为运动员吗？运动员怕不怕摔跤？

幼儿：不怕！

保育师：那你能不能也像运动员一样，勇敢地站上去呢？

幼儿半信半疑地走上平衡木，一步一步往前走……

案例二采用的是哪种批评方式？这种方式有何特点？

巩固练习

1. 请根据下列要求完成填空和思维导图。

（1）心理学上将人的气质类型分为_____、_____、_____、_____四种。

（2）本项目提到的批评类型有_____、_____、_____、_____、_____。

（3）请将"学习驿站"的主要知识点用思维导图的形式画出来。

2. 请认真阅读下面的案例，按照批评的运用流程，完成下面的表格。

小墨总是遇到爱吃的菜大口大口地吃，遇到不爱吃的菜就应付几口。一次午餐时，小朋友们在安静地进餐，小墨遇到了最爱吃的鱼香肉丝，便狼吞虎咽地吃起来，发出吧唧吧唧的声音，还不时做几个怪动作，引得其他小朋友哈哈大笑。

参考步骤	案例中的关键词	你的答案（在相应选项后打"√"或用简要文字描述）			
1.明确批评的目的		认知问题□	能力问题□	行为问题□	情绪问题□
2.分析批评的对象		胆汁质□	多血质□	黏液质□	抑郁质□
3.找准批评的时机		立即批评□	事后批评□	单独批评□	当众批评□
4.选择批评的方法		开门见山式□　含蓄影射式□　欲抑先扬式□　榜样激励式□ 民主商讨式□　（可单选或多选）			
		设计一段批评语：			
5.关注批评的反馈		批评后需要关注的方面：			

3. 请完成调查实践活动。

根据本项目所学内容，分小组到幼儿园观察记录半日活动中教师的批评行为，请将情况记录到下面的表格中。

观察时间：_____　　观察对象：_____　　记录人：_____

批评的类型	出现的次数	幼儿的反应	批评的效果	建议
开门见山式				
含蓄影射式				
欲抑先扬式				
榜样激励式				
民主商讨式				
其他				

🔸 拓展提升 ▶▶▶▶

一、迟到的看戏人

苏联心理学家达维多娃用一个故事描述了四种基本气质类型的人在同一情景中的不同行为表现：四个不同气质类型的人上剧院看戏，但都迟到了，胆汁质的人和检票员争吵，企图闯入剧院，辩解说剧院的钟快了，他进去看戏不会影响别人，并企图推开检票员进入剧场；多血质的人立刻明白，检票员不会放他进去，但是通过楼厅进场容易，就跑到楼上去了；黏液质的人看到检票员不让他进入剧场，就想第一场不太精彩，我在小卖部等一会儿，幕间休息时再进去；抑郁质的人会想："我运气不好，偶尔看一次戏，就这样倒霉。"然后就回家了。

——选自：陈亮.浅谈个体教育中的批评艺术.科学咨询（教育科研），2016（9）.

二、孙敬修爷爷的批评艺术

有一次，著名教育家孙敬修爷爷在公园里散步。看到几个小朋友在折树枝，他便弯下腰将耳朵贴在树枝上认真聆听。小朋友们好奇地问："爷爷，你在听什么？"孙敬修爷爷说："我在听小树的哭声。"小朋友们更奇怪了："咦，小树也会哭吗？""是啊，你们折它的胳膊，它疼得哇哇大哭。它还说，它和伙伴们绿化我们的城市，长大后为建设祖国服务，好孩子都应当爱护它们。"

孩子们听了以后，脸红了。后来他们不但不乱折树枝了，还自动组织起了护林小组保护环境。

学习评价

本项目学习完成，请根据下表要求完成评价，可采用自评与他评的方式评价。

项目考核评价表（100分）　　评价人_____

维度及分值	等级标准					得分
	一等	二等	三等	四等	五等	
学习态度（30分）	每天能坚持本课程相关学习30分钟以上。（25~30分）	每天能坚持本课程相关学习20分钟以上。（15~24分）	每天能坚持本课程相关学习10分钟以上。（10~14分）	每天参与本课程相关学习不到10分钟。（5~9分）	每天参与本课程相关学习不到5分钟。（0~4分）	
能力运用（50分）	能按要求圆满、高效地完成课堂、课后练习全部内容，并指导他人完成。（40~50分）	能按要求独立、圆满地完成课堂、课后练习全部内容。（30~39分）	能按要求完成课堂、课后练习全部内容。（20~29分）	能基本按要求完成课堂、课后练习全部内容。（10~19分）	几乎不能按要求完成课堂、课后练习全部内容。（0~9分）	

续表

维度及分值	等级标准					得分
	一等	二等	三等	四等	五等	
知识掌握（20分）	能正确、完整地描述所学的全部知识，能提出与之相关的问题进行探究。（17~20分）	能正确、完整地描述所学的全部知识。（13~16分）	能在他人指导下正确、完整地描述所学的全部知识。（9~12分）	能在他人指导下基本正确、完整地描述所学的全部知识。（5~8分）	几乎不能描述所学的知识。（0~4分）	

反思感悟 ▶▶▶▶

亲爱的同学：通过本项目的学习，相信你已经有了不少收获，请根据下列提示做个记录吧。

1. 我学到的知识有：

_____

_____

_____

2. 我学会的本领是：

_____

_____

_____

3. 我还希望学习的是：

_____

_____

_____

项目 12
赞 赏

情境描述

在主题阅读活动中,保育师王老师多次"点赞"幼儿的表现,"真棒""你真棒"这样类似的赞赏语出现了十多次。幼儿坐姿端正、认真倾听、举手回答问题、大声说出自己的想法……不管是哪种情形,王老师都习惯性地带领全体幼儿一起鼓掌、点赞"棒,棒,你真棒!"……

上述情景反映了王老师口语中的什么情况?只要是赞赏都是好的吗?我们该如何赞赏幼儿呢?

学习目标

1. 理解赞赏的含义及教育作用,知道赞赏的类型。
2. 把握赞赏的信度、效度、角度、密度、广度,掌握赞赏的运用要领。
3. 用赏识的眼光看待婴幼儿,善于发现婴幼儿的闪光点。

学习探索

1. 6~8人组成一个小组围成圈,每个同学用一张卡纸垫在前面一个同学的背上写出三个优点并送给该同学。

同学姓名:

优点1:

优点2:

优点3:

2. 分享同学在背上写字时自己的心理活动,以及看到他人写给自己的优点时的心情。

学习驿站

心理学家威廉·詹姆斯说:"人性中最深刻的天性,是被人赏识的渴望。"不管是成人还是婴幼儿,都有获得他人肯定和认可的心理需求。

赞赏,即称赞、夸奖,是保育师对婴幼儿的作品、行为、品格以及某些方面的进步等进行的正向肯定的评价。

鲁道夫·德雷克斯曾说:"孩子们需要得到赞扬和鼓励,就如同植物需要水一样。"保育师的赞赏,对于婴幼儿的成长具有重要的教育作用。

一、赞赏的教育作用

(一)赞赏能促进婴幼儿自信心的建立

婴幼儿时期是建立安全感和自信心的关键阶段,婴幼儿道德判断的标准主要来源于成人的评价,保育师的赞赏可以给婴幼儿注入强大而持久的前进动力。对于性格内向、自我认同度低的婴幼儿,保育师赞赏的激励作用更为明显。

(二)赞赏能强化婴幼儿良好的行为

从心理学的角度看,赞赏能使人的大脑分泌多巴胺、内啡肽等因子,让人产生愉快的体验。保育师的赞赏是一种正强化,即当个体做出某种行为或反应时,随后或同时得到某种奖励,从而使行为或反应强度、概率或速度增加。因此,当婴幼儿出现良好的行为时,保育师的及时赞赏强化,能激发婴幼儿的内生动力,巩固或强化良好的行为。

(三)赞赏能营造积极向上的集体氛围

一方面,真诚的赏识和赞美能拉近人与人之间的距离,是人际沟通的润滑剂,保育师的赞赏有助于形成和谐、融洽的师幼关系。另一方面,保育师的赞赏可以使向上的风气和良好的行为在集体中传递、扩散,推动集体向着更好的方向发展。

二、赞赏的类型

根据赞赏内容取向的不同,保育师的赞赏可以分为三种类型。①

(一)个人取向的赞赏

个人取向的赞赏是保育师对婴幼儿本身的特质或能力水平做出的肯定性评价,如"你真善良。""你真是个讲礼貌的好孩子!"

练一练

请你再举几个反映过程取向的赞赏的例句。

---
① 黄春晨、李黎:《幼儿教师无效表扬行为研究》,载《大庆师范学院学报》,2019(4)。

这种类型的赞赏要求保育师在日常的教育教学中细致地了解每个婴幼儿、认真地观察每个婴幼儿，发现每个婴幼儿的闪光点，因人而异、因材施教，做出具有个人特色的赞赏评价。

（二）过程取向的赞赏

这种类型的赞赏是保育师根据婴幼儿在完成某项任务的过程中表现的行为、付出的努力等做出的积极反馈，如"你进步真快！""能坚持这么久，太厉害了！"

过程取向的赞赏反映出保育师正确的评价观，要求保育师关注婴幼儿的点滴进步，不以结果取向为唯一标准。对于婴幼儿很小的努力或付出，保育师的及时肯定都能带来很大的激励效果。

（三）结果取向的赞赏

结果取向的赞赏是保育师在婴幼儿完成某项任务或取得一定成绩时给予的积极强化，如"你答对了！""你的房子搭好了，真棒！"

这种类型的赞赏能够让婴幼儿在完成某项任务或达到某个目标时体验到成功的喜悦，保育师的及时赞赏能有效地加强成就感产生的激励作用。

当然，除了口头语言的赞赏，保育师还可以结合其他的辅助手段，如一个会心的微笑、一个鼓励的眼神、一个真诚的拥抱，点点头、拍拍肩膀、竖起大拇指，都能让婴幼儿对赞赏的感知更直观、更立体。

三、赞赏的运用要领

（一）真诚及时——确保赞赏的信度

赞赏是一种积极正面的强化手段，需要"趁热打铁"，才能发挥出有效的激励作用。赞赏有及时赞赏和延时赞赏，赞赏如果"过期""过时"了，往往就起不到很好的作用，这就需要保育师对婴幼儿的表现和行为做出及时的反馈。

赞赏有度

案例

户外活动结束后，小朋友们排好队准备回教室。在回去的路上，京京的隔汗毛巾掉到地上，被一个小朋友不小心踩了一脚，后面两个小朋友觉得好玩也跟着踩了一脚。贝贝看见了赶紧把毛巾捡起来，吹了吹还给了京京。保育师李老师由于忙着组织孩子们排队，没有对贝贝的行为进行及时表扬。在离园时，李老师提到了贝贝的"好人好事"，但是小朋友们都急着整理书包没注意听，贝贝的脸上显现出一丝低落的神情……

解析：在本案例中，李老师没有对贝贝的行为进行及时的反馈，赞赏的效果大打折扣，也没能起到用贝贝的正面行为教育其他幼儿的作用。保育师的赞赏一定是发自内心、真情实意的。如果保育师的赞赏是随意、敷衍、虚假的，那么这种赞赏不仅起不到激励作用，还可能让幼儿产生反感。

（二）准确具体——提高赞赏的效度

保育师的任何一种评价，都会对婴幼儿产生相应的影响，因此保育师的赞赏需要认真斟酌、实事求是，而且赞赏的内容一定要具体明确，让婴幼儿知道自己是因为什么受到了赞赏，这样才能提高赞赏的有效性。

案例 ▶▶▶▶

在一次语言活动中，保育师张老师给幼儿讲了《萝卜回来了》的故事。讲完故事后，张老师请幼儿回忆故事中的萝卜被送给了哪些小动物。菲菲第一个举手回答："小兔子把萝卜送给了小驴，小驴把萝卜送给了小羊，小羊把萝卜送给了小鹿，小鹿又把萝卜送回了小兔子的家。""谢谢菲菲带我们回忆了萝卜的奇妙之旅。菲菲的声音响亮，让我们听得很清楚，而且她还记得每一只小动物出场的顺序，真是太厉害了！"

解析：张老师的赞赏不是笼统的"回答得很棒""棒，棒，你真棒"，而是对菲菲的表现进行了准确具体的评价，让菲菲知道自己被赞赏的原因，其他幼儿也通过老师的赞赏间接明白了语言表达应该清楚、清晰。

（三）关注过程——转换赞赏的角度

一般情况下，保育师的赞赏以结果取向为多，即对婴幼儿完成了某项任务或婴幼儿某种行为的结果进行评价，而忽视了对过程的关注。事实上，如果婴幼儿在过程中所付出的努力、体现的点滴进步能得到保育师的关注和肯定，那这种赞赏给婴幼儿带来的动力比结果取向的赞赏要大得多。

换个角度发现美

案例 ▶▶▶▶

幼儿园组织端午节包粽子活动，保育师赵老师先给幼儿讲解示范了包粽子的方法，然后带着幼儿一起动手操作。亮亮和福福学得很快，得到了赵老师的表扬。接着又有几个幼儿包出了成形的粽子，相互评论着。月月一个粽子也没包好，棉绳怎么也系不紧，或者系上又滑落下来了。看着其他小朋友陆续包好了粽子，月月心里有点着急，但还是在不断尝试……赵老师来到月月身边鼓励道："你的粽叶包得可真好，粽子宝宝穿上这么漂亮的衣服肯定很开心。老师看到你一直在尝试不同的系法，老师为你加油！来，跟着老师一起，试一下这样系。"在赵老师的提示下，月月终于包好了一个粽子，脸上露出笑容。

解析：赵老师关注到了月月在包粽子过程中的表现，捕捉到了月月在包粽子过程中体现出的遇到困难不放弃的闪光点。赵老师的赞赏和鼓励让月月成功

幼儿对保育师的赞赏陷入"麻木"状态会有哪些表现？

包好了粽子，这个经历可能会对月月影响深远。

（四）频次适度——把握赞赏的密度

保育师的赞赏虽然对婴幼儿有很好的激励作用，但是不能无目的、无指向、无节制地泛滥使用。频繁、泛滥、空洞的赞赏不仅起不到该有的教育作用，还可能使婴幼儿"产生抗体"，体验上逐渐陷入"麻木"的状态，使赞赏失去意义。因此，保育师的赞赏频次要适度。

（五）一视同仁——拓宽赞赏的广度

每一个婴幼儿都有得到赞赏的渴望，都有获得赞赏的公平的机会，保育师在运用赞赏时要客观公正、一视同仁。在真实的教育情景中，一些保育师偏爱性格活泼、长得好看的婴幼儿，对这些婴幼儿毫不吝啬自己的赞赏，而忽略了那些性格内向、能力水平和长相不突出的婴幼儿。这样的做法不仅无法真正发挥赞赏的教育作用，还违背了"面向全体"的教育原则。

实训活动

云测试

活动一

一、活动内容

记录赞赏语

二、活动目标

1. 知道在教育教学活动中从不同的角度去评价婴幼儿的表现。
2. 掌握一些具体实用的赞赏语。

三、活动要求

1. 在网上搜索《幼师必备表扬语》并观看视频。
2. 记录视频中提到的赞赏语并思考赞赏语的运用。

四、活动材料

1. 将视频中提到的赞赏语记录到下列表格中。

赞赏语记录表

类别	赞赏语
赞赏"听"	
赞赏"说"	
赞赏"想"	

2. 请思考上述赞赏语体现了运用要领的哪些方面。

活动二

一、活动内容

案例分析

二、活动目标

1. 能在具体教育情景中运用赞赏的要领。
2. 感受不同的赞赏方式产生的不同教育效果。

三、活动要求

仔细阅读活动材料并完成对案例的分析。

四、活动材料

案例一：

中二班的周老师在周一晨间活动结束后，跟班里的幼儿说："我表扬几个小朋友，他们早晨来的时候都主动给小班的弟弟妹妹拉开门帘，让弟弟妹妹先进楼。米嘉、一天他们都会主动地帮助弟弟妹妹。"在周四早晨周老师又在班里说了这件事："今天早晨来的时候，好多小朋友都拉开门帘，让弟弟妹妹先进，表扬这些小朋友。"

案例二：

中三班的谢老师也在晨间活动中发现了有小朋友主动礼让弟弟妹妹的行为，但她在下午离园前才提起这件事，她用三五分钟的时间说："老师今天早晨发现了一个非常好的现象，艺鸣早晨来的时候主动抵着门帘让小班的小朋友先进楼，我今天要表扬他。"谢老师在表扬完以后的一周半时间里，没有再评价过幼儿帮助弟弟妹妹的行为，班级里的其他幼儿也没有给老师很好的反馈。

——选自：郝璇.幼儿道德教育中表扬运用的问题反思与路径优化研究.聊城：聊城大学，2022.

对比两个案例中教师的做法，完成下面表格。

教师	赞赏的时机（在相应选项后打"√"或用简要文字描述）	赞赏的效果（在相应选项后打"√"或用简要文字描述）
中二班 周老师	及时赞赏☐　延时赞赏☐	较好☐　一般☐　较差☐
	案例中关键词：	案例中关键词：
中三班 谢老师	及时赞赏☐　延时赞赏☐	较好☐　一般☐　较差☐
	案例中关键词：	案例中关键词：

学习笔记

巩固练习

1. 请根据要求完成下列任务。

（1）根据赞赏的内容取向，赞赏有_____、_____、_____三种类型。

（2）赞赏的运用要领有：

确保赞赏的信度——_____

提高赞赏的效度——_____

转换赞赏的角度——_____

把握赞赏的密度——_____

拓宽赞赏的广度——_____

2. 请阅读案例，思考并完成下列任务。

在艺术领域"不怕冷的小绵羊"活动中，保育师让幼儿用彩笔画出小羊的图案，但不让他们涂色，谁画得好看且最先画完，就能向保育师领取白色的棉花粘到自己的图画上充当小绵羊的毛发，增加真实感。幼儿听到后非常兴奋，立马着手开始认真绘画。保育师一边走一边看，当走到子玉身边时，保育师低下头看了看她的画，并立马表扬她画得真好看，边说边拿起来给全班的人看，和子玉一个组的子轩也画得不错，但保育师扫了一眼就走了。没过一会儿，子玉第一个画完了，保育师又表扬子玉不仅画得最好看还画得这么快，子轩抬头看了看，撇了撇嘴加快速度画自己的，但还是没有引起保育师的注意。

——选自：张颖.幼儿园中班集体教育活动中教师表扬运用的特点研究.沈阳：辽宁师范大学，2019.（有改动）

（1）请记录案例中保育师的赞赏存在什么问题。

_____

_____

（2）请你设计一段对子轩的赞赏语。

_____

_____

拓展提升 ▶▶▶▶

一、赫洛克效应

1925年，美国心理学家赫洛克做了一个著名实验：把106名被试分成四个等组，在四种不同诱因的情况下完成任务。

第一组为表扬组，每次工作后予以表扬和鼓励。

第二组为受训组，每次工作后严加训斥。

第三组为被忽视组，不予评价只让其静听其他两组受表扬和挨批评。

第四组为控制组，让他们与前三组隔离，不予任何评价。

实验说明：

一是在教育孩子的过程中及时对孩子的进步进行反馈评价，避免毫无目的地学习和不知道自己学习结果的学习方式，这样能强化孩子的学习动机，对学习起促进作用。

二是在教育孩子的过程中赏识教育优于训斥教育，要多表扬、少训斥。

三是在教育孩子的过程中适度表扬的效果明显优于批评的效果，而批评的效果比不予任何评价的效果好。我们在教育孩子的时候要善于运用表扬和批评，表扬和批评都要讲究一个"度"。

二、善于赞赏的园丁式教育家苏霍姆林斯基

苏霍姆林斯基曾在一所学校当校长。当时，学校的花房里开放着几朵特大的玫瑰，全校师生争相前往观赏，大家赞叹不已。一天早上，苏霍姆林斯基在校园巡视时，看到一个幼儿园小女孩在花房里摘了一朵大玫瑰，然后坦然大方地往外走。他走到小女孩的面前，躬下身去，亲切地询问："孩子，你摘这朵花是送给谁的，能告诉我吗？"小女孩羞答答地回话："奶奶病得很重，我告诉她学校花房里有很大很大的玫瑰，奶奶不信，我现在摘一朵拿回家给她看，看过后我就把花送回来。"苏霍姆林斯基听了小女孩说的这番话，毫不犹豫地带着她折回花房，又摘下两朵大玫瑰，然后满脸慈祥地对小女孩说："这一朵是奖给你的，你是一个懂得孝敬老人的好孩子；这一朵是送给你妈妈的，感谢她教养出你这样的好孩子。"

——选自：索玉凤．论教师的赞赏对犯错学生的激励作用．成才之路，2009（2）．

本项目学习完成，请根据下表要求完成评价，可采用自评与他评的方式评价。

项目考核评价表（100分）　　评价人＿＿＿＿＿＿

维度及分值	等级标准					得分
	一等	二等	三等	四等	五等	
学习态度（30分）	每天能坚持本课程相关学习30分钟以上。（25～30分）	每天能坚持本课程相关学习20分钟以上。（15～24分）	每天能坚持本课程相关学习10分钟以上。（10～14分）	每天参与本课程相关学习不到10分钟。（5～9分）	每天参与本课程相关学习不到5分钟。（0～4分）	
能力运用（50分）	能按要求圆满、高效地完成课堂、课后练习全部内容，并指导他人完成。（40～50分）	能按要求独立、圆满地完成课堂、课后练习全部内容。（30～39分）	能按要求完成课堂、课后练习全部内容。（20～29分）	能基本按要求完成课堂、课后练习全部内容。（10～19分）	几乎不能按要求完成课堂、课后练习全部内容。（0～9分）	

续表

维度及分值	等级标准					得分
	一等	二等	三等	四等	五等	
知识掌握（20分）	能正确、完整地描述所学的全部知识，能提出与之相关的问题进行探究。（17~20分）	能正确、完整地描述所学的全部知识。（13~16分）	能在他人指导下正确、完整地描述所学的全部知识。（9~12分）	能在他人指导下基本正确、完整地描述所学的全部知识。（5~8分）	几乎不能描述所学的知识。（0~4分）	

反思感悟 ▶▶▶▶

亲爱的同学：通过本项目的学习，相信你已经有了不少收获，请根据下列提示做个记录吧。

1. 我学到的知识有：

_____

_____

_____

2. 我学会的本领是：

_____

_____

_____

3. 我还希望学习的是：

_____

_____

_____

项目 13
引 导

情境描述

林老师是幼儿园中二班的保育师,下午水果时间快到了,她对幼儿进行引导说:"今天的水果呀,有的红得像小脸蛋,有的弯得像小镰刀,大家猜猜是什么呢?"幼儿纷纷抢答。林老师继续提问:"有谁知道吃苹果和香蕉分别有什么好处呢?""妈妈说吃了苹果脸蛋可以像苹果一样红。""奶奶说吃了香蕉可以帮助我们轻松上厕所。"幼儿七嘴八舌地说起来。随后林老师又进行了补充。林老师通过"水果时间"引导幼儿认识水果,并了解水果对身体的益处,幼儿在愉快的氛围中吃完水果。

你觉得林老师在引导过程中哪些方面做得较好?如果你是一名保育师,你会怎样进行引导呢?

学习目标

1. 能正确陈述引导语的类型和要求。
2. 能结合生活场景或模拟工作场景设计引导语。
3. 认同并热爱保教工作,关爱并尊重婴幼儿。

学习探索

中班幼儿正前往菜园体验摘西红柿。小朋友两个人一组,一组一个竹篮子。

"我不要拎。"被分配到篮子的苗苗说。

"我也不要拎。"同苗苗一组的涵涵说。

保育师听到两个孩子在争吵便放慢了脚步,说:"今天我们去寻找美味的西红柿做午餐,大家摘下

的西红柿请放到漂亮的篮子里。"

"我来拎。"保育师话音刚落，涵涵便抢着说。

"不，我也要拎。"苗苗也紧跟着说。

两个人又争吵起来。保育师走到他们旁边，说："果实一天天长大，因为它们热爱大自然，像小朋友一样；但果实从不会哄闹争抢，因为它们都爱着一起生长的小伙伴，就像我们班的小朋友一样。"

涵涵不再抢了，苗苗也笑着说："我拎过一会儿了，该你了。"两个小朋友都笑了，跟着队伍继续前进。

在以上材料中，两个幼儿为什么发生争执？为什么在保育师进行引导后他们不仅停止争执，还开开心心地参与班级活动？

学习笔记

"引导"在《现代汉语词典》(第7版)里解释为"①带领。②指引；诱导"。在保育工作中，引导语指的是保育师为了达到一定的教育目的所进行的能引发婴幼儿思考、引导婴幼儿解决问题和参与活动等促进婴幼儿发展所运用的职业口语。

保育工作中的引导语，在支持、帮助、促进保育对象独立认识事物、执行活动、发展情感等方面有重要意义：一是能有效引导婴幼儿正确、全面、深刻地认识事物；二是能推进教育教学活动的有序有效实施；三是能纠正婴幼儿不当或错误的言行；四是能激励婴幼儿遇到困难积极面对和处理；五是能促进婴幼儿的综合发展。

一、引导语的类型

0~6岁的婴幼儿不能快速、全面、深刻地形成对事物的认识与理解，不能迅速、准确、连贯地对活动进行反馈，保育师需要从不同的角度、用适当的方式和科学的方法予以引导。根据保育师对婴幼儿引导的具体方式，引导语主要分为提问式引导语、类比式引导语、讲故事引导语三种类型。

（一）提问式引导语

提问式引导语是保育师在保教活动中根据活动内容和婴幼儿的实际情况，

通过提问启发婴幼儿思考，促进婴幼儿增强理解、增强信心、落实行动、发展情感而设计的一种教师口语。

案例

小班刚开学不久，形形每次上学都舍不得妈妈，到幼儿园以后就哭。这天，形形离开妈妈的时候又哭了起来。

"形形，你的辫子梳得真好，是谁梳的呀？"

"妈妈。"形形边回答还边流泪。

"形形最喜欢妈妈了，是吗？"

"嗯。"形形使劲儿地点头。

"形形喜欢妈妈，妈妈也喜欢形形，不如我们来比赛，比比是形形在学校表现得好，还是妈妈上班表现得好，好吗？"

形形一听觉得很有意思，把眼泪擦了擦说："我要和妈妈比赛。"

解析：本案例是常见的幼儿新入园与父母分离情感处理困难的情况。保育师通过抓住幼儿的打扮提第一个问题完成第一次引导，把幼儿和家长联系起来，让幼儿感觉到亲切感；通过提第二个问题完成第二次引导，让幼儿认识到与家长彼此的爱；通过第三个问题完成第三次引导，引导幼儿用比赛的方式来代替对妈妈的不舍。整个环节通过三个提问，引导幼儿正确处理对家长的恋恋不舍问题。

（二）类比式引导语

类比指的是根据两个对象相同或相似的性质，推断他们在其他性质上也有可能相同或相似的一种推理形式。类比式引导语在保育工作中指的是保育师结合婴幼儿的客观实际，通过应用类比这一推理形式，引领其认识、引导其言行、促进其发展的一种教师用语。这类引导语可以通过性质类比、因果类比、关系类比、条件类比、数据对比等方式来具体实现。

案例

多多是一个比较安静、内向的女孩子，在区角活动时，保育师林老师看见多多一个人闷闷不乐地抱着小熊玩偶在角落里坐着，于是上前询问："多多，你怎么啦？"多多举起她的小熊玩偶，小声地说："豆豆他们觉得我的小熊不好看。"林老师笑着说："多多，每个人喜欢的东西可能不一样，比如小猫爱吃鱼，小狗爱啃骨头，小兔子爱吃胡萝卜……"多多抢着说道："老师，我爱吃鸡翅。""嗯，特别好。老师猜想多多一定很喜欢小熊，对不对？""老师，我喜欢我的小熊。"林老师笑着说："老师也很喜欢多多的小熊，不过呀，其他小朋友可能喜欢小猪、小猴、小兔子……"多多笑了："我不喜欢小猪、小猴、小兔子。"说完，多多抱着小熊和小朋友们开心地玩了起来。

学习笔记

解析：在案例中，保育师以小动物的不同爱好来与幼儿的不同喜好做类比，引导幼儿正确认识每个人有不同的喜好是正常的，较好地处理了幼儿在认知上出现偏差的情况，并较好地帮助幼儿管理好了自身情绪。

（三）讲故事引导语

这里的"讲故事"中的"故事"是广义的故事，包括幼儿故事、神话故事、民间故事、童话故事、生活趣事、笑话等。保育工作中的故事引导语指的是保育师根据教育教学的需要，结合婴幼儿实际，通过讲故事的方式引导婴幼儿明白道理并激励行动的一种教师用语。

案例 ▶▶▶▶

幼儿园小班的成成，每次玩新游戏的时候，都不敢主动参与。这天班上组织"小马过桥"的过积木桥游戏。当积木桥搭好后，周老师发现成成先是盯着中间悬空的积木，接着便面露胆怯地从队伍第一名退到了队伍的最后面。周老师发现成成的情况后，没有立即组织游戏。她让孩子们整齐地排好队，然后说："玩'小马过桥'的新游戏之前，我先给大家讲一个小马过河的故事。……"

孩子们听完故事都跃跃欲试，成成的脸上也露出了一丝笑容。后面的整个游戏都进行得非常顺利，成成也玩得很开心。

学习笔记

解析：在案例中，保育师以讲故事的方式引导幼儿树立了自信心，勇敢地参与到游戏中。

二、引导语的要求

（一）明确目标，立足目标合理选择引导语形式和使用方式

在保育工作中，引导语的应用必须紧密结合环境创设、生活照料、安全健康管理、早期学习支撑、婴幼儿综合发展等教育教学工作内容，确定引导目标。根据目标，选择合适的引导语类型，然后选择合适的引导时机，以合适的表达实施引导，促进教育教学目标的实现。

（二）紧扣主题，围绕主题有序有效展开教育教学中的引导

引导语主要包括提问式引导语、类比式引导语、讲故事引导语，在使用这些引导语进行引导时，务必充分结合引导的主题，切勿开口内容离题、引导过程跑题、应用语言泛化，不能实现有效引导，不能达到教育教学目标。

（三）激发情怀，始终保持对教育的热忱和对保育工作的热爱

在保育工作中，引导语作为保育师引导性的职业用语，必须立足对教育的高度热忱和高度责任感，对婴幼儿工作的赤诚热爱，以及促进婴幼儿综合发展

常见不规范引导语

的教育情怀。只有这样，保育师的引导语才会立有高度，达有宽度，释有深度；表达才能确保自然度、有效度和温度。

 **实训活动**

一、活动内容
案例判断

二、活动目标
了解引导语类型，能正确判断引导语的类型。

三、活动要求
1. 仔细阅读活动材料。
2. 判断活动材料中保育师使用的引导语类型。
3. 在正确的引导语类型括号里打"√"。

四、活动材料
午休前，张老师发现两名大班幼儿拿出小石头在教室的角落垒房子，石头歪歪斜斜，摇摇欲坠。"为什么总是搭不好！"小伟失落中有些生气，一手推倒了小房子。"不要……"小睿还没有说完，已经哭了起来。

张老师走了过去，故作惊讶地说："啊，刮大风了，海边的房子吹倒了……"
提问式引导语（   ） 类比式引导语（   ） 讲故事引导语（   ）

小睿立刻擦干眼泪，小伟不好意思地蹲了下去。

张老师拍了拍小伟的肩膀，笑着说："小伟，你知道吗？老师小时候也很喜欢用石头搭房子，每次搭了两三块儿石头就会全部垮掉。虽然我也会不开心，但是我每次都对自己说'不行，我要再试一下'。后来呀，我真的可以堆砌到五六块石头都不掉下去……"。
提问式引导语（   ） 类比式引导语（   ） 讲故事引导语（   ）

小伟点了点头，小睿也目不转睛地看着张老师。

张老师继续说："小睿，你觉得你们可以搭得更好吗？"
提问式引导语（   ） 类比式引导语（   ） 讲故事引导语（   ）

小睿点了点头，便邀请小伟继续搭石头房子。

 **巩固练习**

请根据以下内容，结合保育师引导语的基本要求，判断保育师的引导语是否符合要求。请在横线

云测试

学习笔记

处先判断，再简要说明判断的原因。如果引导语不符合要求，请尝试把正确的引导语写上去。

幼儿园的午后点心是豆沙包，幼儿吃一两个较为合适。但是，果果特别爱吃豆沙包，一口气吃了两个还不够，继续跟着王老师，准备领第三个。

王老师正忙着，望了果果一眼，说："不行，一人最多两个。"

_____

_____

果果一脸委屈地低下了头，眼泪在眼眶里打转。张老师又接着说："吃多了进医院？"

_____

_____

果果的眼泪流了出来，她转头回到了座位上。

这时全班都变得很安静，张老师放下手中的点心，语重心长地说："我给大家说过多少遍了，吃东西一是不能挑食，二是不能暴饮暴食。你们记住了吗？"

_____

_____

拓展提升 ▶▶▶▶

请打开"学习强国"网页或者 App，在搜索栏里输入"康成凤：像妈妈一样的幼儿教师"。观看视频，感受身边的榜样在教育教学工作中的工作理念和经验做法，思考如何通过培育教育情怀来增强引导语的表达效果。

学习评价

本项目学习完成，请根据下表要求完成评价，可采用自评与他评的方式评价。

项目考核评价表（100分）　　评价人_____

维度及分值	等级标准				得分
	一等	二等	三等	四等	
明确引导目标（30分）	能很明确、清晰地掌握引导语在生活或工作场景中使用的具体目标。（26~30分）	能较为明确、清晰地掌握引导语在生活或工作场景中使用的具体目标。（16~25分）	基本能掌握引导语在生活或工作场景中使用的具体目标。（11~15分）	不能很好地掌握引导语在生活或工作场景中使用的具体目标。（0~10分）	

续表

维度及分值	等级标准				得分
	一等	二等	三等	四等	
实施引导过程（50分）	在引导语实施过程中，能根据教育教学目标需要，快速、正确、有效地选择引导语类型，以合适的方式方法进行引导实施。（41～50分）	在引导语实施过程中，能根据教育教学目标需要，较为快速、有效地选择引导语类型，以合适的方式方法进行引导实施。（36～40分）	在引导语实施过程中，能根据教育教学目标需要，基本有效地选择引导语类型，以合适的方式方法进行引导实施。（26～35分）	不能很好地根据教育教学目标需要有效地选择引导语类型，不能以合适的方式方法进行引导实施。（0～25分）	
引导工作实效（20分）	能通过有效的引导语应用，很好地实现教育教学目标，并能促进幼儿的发展。（16～20分）	能通过较有效的引导语应用，较好地实现教育教学目标，并能较好地促进幼儿的发展。（11～15分）	能通过较为有效的引导语应用，基本实现教育教学目标，并能促进幼儿的发展。（5～10分）	不能很好地通过有效的引导语应用，实现教育教学目标、促进幼儿的发展。（0～5分）	

反思感悟 ▶▶▶▶

亲爱的同学：通过本项目的学习，相信你已经有了不少收获，请根据下列提示做个记录吧。

1. 我学到的知识有：

2. 我学会的本领是：

3. 我还希望学习的是：

模块三

保育师口语交流

口语交流是保育师在保教工作中与工作对象展开的互动性交流。本模块以倾听、谈话、讨论、对话等常用双向交流口语为主要内容，为保育师的双向口语交流提供借鉴。

学习导航

模块三　保育师口语交流
- 项目14　倾听
  - 一、倾听的基本特征
  - 二、倾听的分类
  - 三、倾听的技巧
  - 四、倾听的基本要求
- 项目15　谈话
  - 一、谈话的基本特征
  - 二、谈话的分类及方法
  - 三、谈话的技巧
- 项目16　讨论
  - 一、专题式讨论
  - 二、随机式讨论
- 项目17　对话
  - 一、对话的类型
  - 二、对话环境的营造
  - 三、展开对话的要领
  - 四、不同对象的对话要领

项目 14
倾 听

情境描述

　　实习期间,幼儿保育专业学生王倩受保育师梅子老师的委托引导幼儿如厕。梅子老师离开后,王倩用标准的普通话说道:"小朋友们,倩倩老师要带你们上厕所了,让我们一起开着小火车,前进——"。这时个别幼儿嘟囔着:"不,我要梅子老师。""我不要开火车上厕所。"王倩听后觉得是幼儿调皮没理睬,继续组织幼儿开小火车如厕。

　　在组织如厕过程中,有的幼儿要梅子老师来才如厕,有的幼儿不要以开火车的方式如厕。王倩正苦恼时,梅子老师回教室了,在她的帮助下全体幼儿顺利如厕。

　　王倩同学普通话较好,也能应用生动活泼的教师用语,但为什么在组织幼儿如厕时依然遇到了困难呢?

学习目标

1. 能正确陈述倾听的重要性和主要特征。
2. 能通过倾听准确收集信息并及时做出反应。
3. 能在生活场景和模拟工作场景中养成良好的倾听习惯。

学习探索

幼儿园大班全体幼儿正在吃午餐。

场景一:

星星班的萌萌呆坐在座位上,皱着眉头,拿着勺子不停地搅拌着碗里的饭菜,很久也没有吃进去一口饭。

保育师李老师路过，大声地喊道："萌萌快吃饭了，都凉了。"

萌萌慢慢地转过头，看了看李老师，并没有说什么。

"快吃吧，老师相信你5分钟一定可以吃完，到时候过来检查哟。"李老师边走边说。

萌萌试着舀起饭菜，可勺子刚到嘴边，又缩了回来，眼里似乎有些眼泪。

大约5分钟过去了，萌萌眼里的泪花一直打着转，简单地吃了几口碗里的饭菜。

场景二：

星星班的萌萌呆坐在座位上，皱着眉头，拿着勺子不停地搅拌着碗里的饭菜，很久也没有吃进去一口饭。

保育师李老师轻轻地走过去，慢慢地蹲下身子，小声地叫道："萌萌……萌萌……"

萌萌慢慢地转过头，看了看李老师，并没有说什么。

"萌萌的小肚子饱了吗？"李老师问道。

萌萌摇了摇头。

"那我们一起来吃饭吧。"李老师说道。

萌萌又摇了摇头，小声地说："不吃。"

李老师看了看萌萌碗里被压碎的西红柿炒鸡蛋，又问："萌萌喜欢吃西红柿炒鸡蛋吗？"

"喜欢，但我不吃……"

"萌萌不舒服？"李老师意识到孩子可能有其他情况。

"痛……"萌萌说完，眼泪掉了下来。原来，萌萌早上摔了一跤不小心碰到了嘴角，口腔黏膜被蹭破，一沾到西红柿汁液就会疼。

李老师安慰了萌萌，同时给萌萌更换了不带刺激性汁水的配菜。萌萌愉快地吃完了午餐。

在同样的保育过程中，保育师的倾听程度不同，了解到的幼儿的情况就不一样。保育师对保育对象情况的理解不一样，处理方式就存在差异，带给幼儿的体验和呈现的保育水平也就存在客观的差距。

你觉得保育师在倾听过程中，还应该注意什么？

学习驿站

在保育师口语中，倾听指的是保育师在保教活动中认真仔细地听取并获得他人的言语信息和非言语信息。

对于保育师来说，倾听在婴幼儿生活照料、安全健康管理、早期学习支持等方面有着重要的作用：一是认识了解保育对象情绪、态度、意愿等情况的有效途径；二是组织实施保教活动的重要基础；三是与婴幼儿交往的基本素养；

四是提升保育水平的必要环节；五是处理婴幼儿突发情况的关键依托。

一、倾听的基本特征

因为倾听对象小龄化，表达的内容具有不完整、不准确、不连贯等特点，所以保育工作中的倾听具有环境依赖性、逻辑联想性、辨别差异性的特征。

学习笔记

（一）环境依赖性

环境依赖性是指在保育工作中，保育师的倾听需要依赖婴幼儿所处的具体环境，如位置环境、天气环境、人文环境等去研判其表达的真实内容和实际意图的特性。

> **案例** ▶▶▶▶
>
> 在大班幼儿自由活动时，保育师抱着一箱学具，腾不出手来，便说："涵涵，你能去图书角帮我取一本书吗？"保育师本以为涵涵会很开心地答应，没想到涵涵说"我不去"。
>
> 保育师很诧异，涵涵怎么这么不礼貌呢？平时涵涵最喜欢做老师的小助手。
>
> 保育师看了看涵涵，发现涵涵的椅子周围全是散落的手工材料，涵涵正在专心地做手工。保育师明白了涵涵不愿去的原因，便委托了琳琳小朋友。

解析：在案例中，涵涵的表达非常简单，如果保育师只凭涵涵简单的回答而不观察涵涵的实际情况，就无法准确判断涵涵表达背后的真正情况，可能会造成误解。这种需要结合婴幼儿所处的环境来判断其表达的真实情况的特征就是环境依赖性。

运用提示

很多时候，因为表达者未表达完整意思或者表达不准确，倾听者又未关注到表达者除语言以外的其他情况，而给工作或生活造成误解。

（二）逻辑联想性

逻辑联想性指的是在保育工作中，保育师能够从婴幼儿的只言片语、细微的表情和动作中，联想到可能存在的需求或问题。0～6岁的婴幼儿会通过不连贯的语言、表情或动作来表达在生活、健康、自我发展等方面的诉求。当婴幼儿含糊表达时，保育师不能只停留于表面的理解，而应通过逻辑联想，判断婴幼儿真正想要传达的信息。

> **案例** ▶▶▶▶
>
> 小班教室里，大家正欢快地唱儿歌《数鸭子》，只有苗苗呆坐着。保育师走了过去："苗苗不喜欢唱歌吗？"苗苗没说话，眼睛却有些发红。保育师亲切地说："苗苗需要老师帮助吗？"苗苗哭了起来："呜呜——我的小鸭子。"
>
> 保育师意识到苗苗的情况应该和这首歌有关，便一边安慰苗苗，一边让她喝点水转移注意力。后来保育师从苗苗妈妈那里得知，苗苗爷爷送给苗苗的小鸭子因为生病，又被送回爷爷家了。

运用提示

婴幼儿的表达经常是碎片化的，不仅不完整，而且没有规范的逻辑性，甚至有的信息不一定在交谈的范围内。这个时候，带有逻辑联想性的倾听就十分重要了。

解析：在案例中，幼儿的表达不完整，无明显的逻辑性，保育师不仅要倾听幼儿的语言表达，还要观察幼儿的神态、情绪和动作，再通过梳理其内在逻辑进行联想，理解表象后面的情感声音。

（三）辨别差异性

辨别差异性是指在保育工作中，保育师的倾听需要充分考虑婴幼儿个体在身体、心理、智力等方面的发展存在差异的特性。婴幼儿在饮食、精神、健康、动作、语言等方面有较大差异，教师在倾听其表达时，需要结合其差异去辨别理解。

 案例 ▶▶▶▶

在小班自主游戏时间，保育员李老师发现小刚在玩积塑玩具的时候总是有些烦躁，她一边听着小刚嘟囔"搭不好，不好玩……"，一边静静地观察，发现小刚手的协调性不太好，手部肌肉力量比较弱。于是，李老师在以后的活动中，特意让小刚玩一些锻炼手指能力的游戏，如串珠子、捏橡皮泥等，还和他一起玩手指操。经过一段时间的练习，小刚的手部动作有了很大的改善。

运用提示

世界上没有两块完全一样的石头，更没有个性、习惯、特点、能力完全一样的人。所以，在倾听婴幼儿的表达时，保育师应仔细耐心地结合他们的差异关注他们各具特点的语言。

解析：在案例中，李老师发现小刚的情绪后，没有简单粗暴地批评，而是通过静静的观察和倾听，了解到小刚烦躁的真正原因是自身肌肉力量不足和手部动作协调不好。她有针对性地制订了训练计划，为小刚的健康发展起到了很好的促进作用。

二、倾听的分类

在教育教学中，保育师的每一项工作都应有明确的教育教学目标。从保育师倾听的目的来看，可分为应对式倾听和发展式倾听。

（一）应对式倾听

保育师为直接了解、认识、处理相关保育情况，以解决保育工作中具体情况为目标的倾听，就是应对式倾听。比如，在保育过程中，倾听婴幼儿对冷热的感受、对声音大小的感知、是否有上厕所的需要等情况，均属于应对式倾听。

（二）发展式倾听

在保育工作中，保育师结合教育教学规律去深入了解、深刻认识、深层次思考，以促进婴幼儿发展为目标任务的倾听，就是发展式倾听。比如，一名幼儿特别喜欢画画，每次结束时他都会噘着小嘴嘟囔"我还要画"。这时保育师不能简单粗暴地制止，应从幼儿个体发展需要的角度倾听了解其内心对画画的热

爱，通过调整教育教学方式来促进幼儿的发展。这样的倾听属于发展式倾听。

三、倾听的技巧

在保育工作中，根据倾听环境依赖性、逻辑联想性、辨别差异性的主要特点，保育师要做好对婴幼儿的倾听，需掌握表达者的语言本身、相关声音、音韵特点、神态动作等方面的技巧。

（一）把握婴幼儿语言本身的内容

婴幼儿表达的内容可能不完整、逻辑性不强、准确性不够，保育师在教育教学中倾听的时候要关注婴幼儿表达时提到的关键词，如时间、地点、人物，是或者不是，能还是不能等，这些是倾听的关键。

运用提示

要做到真正倾听，保育师不仅应该认真、仔细、耐心地听，伴随着注视和点头地听，还应调动多种感官，结合情景理解性地听，关注婴幼儿的语言、动作、表情等，在倾听过程中要有互动、鼓励、支持、回应，真正促进婴幼儿的综合发展。

> **案例** ▶▶▶▶
>
> 保育师：在辅助李老师进行美术活动——"画妈妈"。保育师看见露露一直没有动笔就走过去。
> 保育师：露露，想想妈妈有哪些特点呢？
> 露露：高高的、瘦瘦的。
> 保育师：很好，高高的、瘦瘦的。
> 露露：长头发……还卷……还黄。
> 保育师：妈妈有长长的卷发，还是金黄的。
> 露露：裙子很漂亮……高跟鞋……
> 保育师：哦，妈妈喜欢穿漂亮的裙子和高跟鞋。那还喜欢什么呢？
> 露露：口红……哈哈……耳环是圆的。
> 保育师：妈妈涂口红，还佩戴圆形耳环。
> ……

解析：在案例中，幼儿的语言很零散，但是整合起来，信息就完整了：高高瘦瘦的身材，长长的、金黄的卷发，穿裙子和高跟鞋，喜欢涂口红，戴着圆形耳环，这样露露画画的信息就够了。这就是保育师在倾听过程中通过分析幼儿表达的语言而获得的有效信息。

（二）关注其他有意义的声音

"有意义的声音"是指除了语言外，能帮助保育师在保育工作中了解情况、做出判断、促进问题解决等的其他声音，如不正常的打喷嚏声、欢笑声、抽泣声，以及物体的摩擦声或碰撞声等。

学习笔记

案例

保育师：琪琪，你的饭没吃完哟。

幼儿：不想吃。（咳咳咳……）

保育师：琪琪感冒了吗？

幼儿：不知道。（阿嚏——）

保育师：来，老师看看。

老师用额温枪给琪琪测了一下体温，有点低烧。

保育师：老师带你喝点汤吧。

幼儿：嗯。

琪琪喝完汤以后，保育师带琪琪去了医务室。

解析：在案例中，保育师通过咳嗽声和打喷嚏声初步判断琪琪可能感冒了，通过测体温确认琪琪身体异样。琪琪喝完汤后，保育师带他去了医务室。保育师的倾听结合相关有意义的声音综合思考，处理得很到位。

（三）关注婴幼儿表达的声音特性

声音的特性包括声音的音调、响度、频率和音色。婴幼儿在表达过程中，因为年龄的限制，语言表达不一定准确和全面。但在表达过程中，婴幼儿的语言会表现出独特的声音特征。把握这些特征对倾听和理解婴幼儿的表达有促进作用。

案例

一次，保育师谢老师给幼儿讲小猫钓鱼的故事。讲完后，谢老师想检查一下孩子们是否听懂了，便问道："大家说说，小猫为什么没有抓到鱼？"

幼儿A拖着长长的嗓音大声说："小猫懒——"

幼儿B干净利落地大声回答："小猫笨！"

幼儿C低声细语道："我觉得它不专心。"说完赶紧闭上了嘴巴。

谢老师根据他们的回答，首先和幼儿A、幼儿B进行了进一步的交流，肯定了他们的大胆与自信，同时也指出了听故事必须认真听，而且要认真思考；然后肯定了幼儿C听得认真，而且主动思考，是大家的榜样，并鼓励幼儿C以后可以大胆地表达自己的所思所想；最后谢老师根据幼儿听故事的情况，有针对性地复述了故事。

解析：在案例中，谢老师为了解幼儿听故事的情况，在讲完故事后进行了提问，并根据幼儿声音的特性进行了分析。幼儿A的回答显得足够自信，但是有些漫不经心，并且他没有听懂故事；幼儿B虽然回答得斩钉截铁且自信满满，但是没有理解到故事的内容；幼儿C虽然声音细小，有些不够自信，但听懂了故事。根据对声音特性的分析，谢老师掌握了情况，进行了下一步的处理。

（四）关注婴幼儿伴随的神态及动作

一般情况下，人在语言表达过程中会伴随着神态变化以及动作表达。观察和理解这些神态变化和动作表达，有利于理解表达者言语的准确的、深层的、完整的含义。

案例 ▶▶▶▶

一天，幼儿中班的自主游戏为幼儿自带玩具到园里与伙伴们分享。在活动中，幼儿 A 和幼儿 B 争吵起来。

幼儿 A："哼——"嘴巴一噘，从幼儿 B 手里夺过硅胶兔子。

幼儿 B："哇——"的一声大哭起来，手里还拿着一支大红色的彩笔。

幼儿 A："你看你。"说完便很生气，眉头皱成一团。

幼儿 B："我还要玩。"依然哭声不断。

保育师张老师走了过去，看了看幼儿 A 手中的硅胶兔子，说："谁家的兔子这么可爱？"

幼儿 B："她不给我玩兔子，不是好朋友。"

幼儿 A："不是这样的。"说着眼泪也流了出来。

张老师发现了硅胶兔子那被涂得火红的嘴唇和幼儿 B 手里的彩笔，立刻明白了两名幼儿间发生了什么，故作惊讶地说："哎呀，兔子的嘴巴生病了吗？"

幼儿 B 立马停住了哭声。

张老师继续说："兔子很可爱，是我们的好朋友，我们要爱护好朋友，就像爱护自己一样。"

幼儿 B 不好意思地盖上了彩笔盖，把彩笔放下了。幼儿 A 看到这一幕，也擦干了眼泪。

幼儿 B 不好意思地说："对不起，我帮你把彩笔擦掉。"

幼儿 A 开心地笑了。在张老师的帮助下，幼儿 A 和幼儿 B 一起把硅胶兔子洗得干干净净的。他们又开心地玩了起来。

解析：在案例中，幼儿 A 和幼儿 B 因为玩具争吵起来，张老师通过观察两名幼儿的神态和动作了解情况：首先是观察到幼儿 A 抢过玩具，幼儿 B 大哭；接着观察到虽然幼儿 B 大哭，但幼儿 A 很生气；然后观察到兔子被涂红的嘴巴和幼儿 B 手中的彩笔，于是很快对情况做出了准确判断；最后巧妙地化解了幼儿之间的矛盾，并引导幼儿要爱护玩具。

四、倾听的基本要求

倾听作为保育工作的必要手段，体现了人与人之间的尊重，是保育师口语表达中不可或缺的能力。保育师要做好倾听，可从以下方面把握。

（一）保持仔细、耐心的听

保育师在保育工作中，要了解婴幼儿的基本情况、基本诉求、发展需要，坚持认真、仔细、耐心地倾听是基本要求。既包括倾听幼儿的言语信息，也包括"倾听"幼儿的非言语信息。

（二）非必要不打断或不中止

保育师在保育工作中，想要通过婴幼儿的表达了解其基本情况、基本诉求、发展需要，就需耐心地听其表达。婴幼儿的表达通常语速偏慢，断断续续，甚至词不达意，保育师应鼓励婴幼儿勇敢地表达，做到非必要不打断、不中止。

（三）保持有必要的回应

鉴于婴幼儿表达的特殊性，保育师通常需要在倾听过程中适时、恰当、有效地给予眼神、表情、动作甚至语言的回应，以鼓励婴幼儿更为准确、顺畅、完整、有效地表达。

（四）适时引导帮助和促进

倾听不是目的，保育师在解决婴幼儿保育问题的基础上持续促进婴幼儿的全面发展才是根本。所以在倾听过程中，保育师结合婴幼儿的表达，进行适时的引导、帮助、促进是必要和重要的。

云测试

活动一

一、活动内容

跟着声音动起来

二、活动目标

1. 通过倾听准确地把握信息。
2. 能在生活场景或模拟工作环境中根据听到的信息及时做出反应。

三、活动要求

材料"找春天"：

1. 老师或同学念材料中的词语，要求听到"春天"一词时拍手或轻拍桌子。
2. 可以先任选 5 词一组，后增加词的数量。
3. 大家熟悉以后可以增加念词的速度，进行小组比赛。

材料"我说你做"：

1. 事先约定植物组、动物组、食物组的动作，如拍手、跺脚、摇头等。
2. 一人随机从 3 组中选取 3~5 个词语大声念出来。

3. 其他人员根据词语所属组别，进行不同的动作表演。

四、活动材料

1. 找"春天"。

春天　春季　春游　春暖花开　春天真好　我爱春天　春去秋来　夏天
百鸟争春　春天来了

2. 我说你做。

植物组：玫瑰花　梧桐树　薰衣草　向日葵　松树　葡萄藤

动物组：松鼠　熊猫　兔子　河马　壁虎　蝴蝶　大象　恐龙

食物组：巧克力　爆米花　酱牛肉　鸡翅　橙汁　面条　排骨

活动二

一、活动内容

听音识字

二、活动目标

能准确倾听和准确记忆。

三、活动要求

分别扫描二维码听朗读，按要求分别记录。

四、活动材料

1. 请分别扫描下列两个二维码听朗读音频，在方框内分别记录音频中包含的多音字。

我记录的多音字有：

2. 扫描二维码听朗读材料，请你记录音频中"一"字出现的次数。

判断以下保育师工作场景中的倾听有哪些主要特点、属于什么类型,并思考可以用哪些技巧倾听,将你的判断和思考写在横线上。

一场秋雨一场凉。又一轮的秋雨后,气温明显下降。早上孩子们进教室后,教室里不时响起咳嗽声。李老师意识到气温骤降对孩子们产生了影响。

倾听的特点:
倾听类型:
倾听技巧:

李老师问咳嗽最厉害的萌萌:"萌萌,你冷吗?"

萌萌用略带沙哑的声音说:"嗯……不……不冷……我比毛毛还多穿1件。"

李老师走近一看,萌萌果然穿得暖和,接着说:"萌萌嗓子不舒服?"萌萌点了点头。

倾听的特点:
倾听类型:
倾听技巧:

李老师让咳嗽的、嗓子不舒服的幼儿举手,还特意问了是否还有其他幼儿身体不适。在整个过程中,李老师非常有耐心,并认真地倾听孩子们的每一句话。

倾听的特点:
倾听类型:
倾听技巧:

点心时间,李老师提醒所有幼儿秋天应该多喝水,还特意为萌萌和其他几名有咳嗽症状的幼儿准备了雪梨汤。

拓展提升 ▶▶▶▶

从下面的文字材料中,感受倾听的艺术性。

结构化倾听

结构化倾听,是指你在接收到对方传达的信息以后,要习惯性地在头脑里画三个框,分别放三件东西:沟通对象的情绪、事实和期待。

第一个框:情绪

情绪是我们内心感受的外在表现。高兴、悲伤、恐惧、焦虑、愤怒……都是情绪。但对方通常不会直接表示"我很生气,我很焦虑",而是把情绪隐藏在话语里面。比如,"领导总是让我加班","总是"这个词,表达的只是一种主观感受,而不是事实。这时候你要做的,不是跟他辩论事实真

如何组织结构化倾听

相，而是安抚他的情绪。只有把恶劣的情绪先降下来，双方才有沟通的基础。

第二个框：事实

什么是事实？对方不带情绪陈述的信息都是事实吗？不见得。和情绪刚好相反，我们只有在表达那些不受主观判断影响，可考证、可追溯的内容时，才会说它是一个事实。

我们可以借用新闻记者核查事实的方法，在对方的描述中考证以下几个要素：who(人物)、when(时间)、where(地点)、what(事件)。如果能用4个W还原实际场景，那么对方所言大概率是事实。相反，如果对这些要素语焉不详，而仅仅从诸如"我觉得""我判断""我认为"的主观推论出发，那我们听到的陈述很有可能不是事实。

第三个框：期待

什么是期待？就是找出对方内心真正想要得到的东西。

了解了情绪和事实，我们需要结合二者来判断对方的期待。举个简单的例子。假如我是客服，接到一个用户的投诉电话，说收到的商品有破损，很生气。我该怎么反馈？是不断跟客户道歉，说"你别生气，你别着急"吗？显然不是。如果被对方暴跳如雷的情绪带着走，就没法听懂他真正的意思。越跟他说别生气，就越是在火上浇油，把一起针对公司的投诉变成私人恩怨。

——选自：脱不花.沟通的方法.北京：新星出版社，2021：7-9.（原文有删减）

在本项目学习完成后，请根据下表罗列的内容完成自我倾听能力的测试。

倾听水平综合测试表　　评价人_____

序号	测试项目	测试内容	得分说明	得分
1	准确倾听内容	通过倾听，可以清晰掌握表达者陈述情况的基本要素（如时间、地点、人物、起因、发展、变化及结果等）。	能准确或较为准确且完整或较为完整地倾听表达者的陈述内容，得36～40分；能基本正确、无信息要点遗漏地倾听表达者的陈述内容，得31～35分；信息内容倾听不准确、不完整，或是不能理解，得1～30分。	
2	理解倾听内容	通过倾听，可以准确判断出表达者的情绪、意愿、期待等具体信息，并能站在表达者的角度理性思考，或从表达者发展的维度思考倾听到的内容。	能准确或较为准确地做出判断、进行思考，能很好或较好地从表达者发展的维度思考倾听到的内容，得26～30分；能基本做出判断，尝试思考，尝试从表达者发展的维度思考倾听到的内容，得21～25分；不能准确做出判断，不能很好地思考，不能从表达者发展的维度思考倾听到的内容，得1～20分。	

续表

序号	测试项目	测试内容	得分说明	得分
3	及时做出反应	通过倾听和对表达者的情况研判，可以快速、正确、有效地记忆并根据倾听到的内容做出及时回应和处理。	能很好或较好地根据倾听情况及时回应和处理相关情况，得26～30分；能根据倾听到的内容做出最基本的回应和处理，得21～25分；根据倾听到的内容，能在一定程度上或不能做出回应和处理，得1～20分。	

反思感悟 ▶▶▶▶

亲爱的同学：通过本项目的学习，相信你已经有了不少收获，请根据下列提示做个记录吧。

1. 我学到的知识有：

2. 我学会的本领是：

3. 我还希望学习的是：

项目 15
谈　话

情境描述

晨间活动结束后，保育师把皮皮叫到了图书角。

保育师：皮皮，你告诉老师，刚才你抓涵涵头发了吗？

皮皮：嗯，就抓了一下。

保育师：你觉得痛吗？

皮皮：应该痛吧。

保育师：那这样做好吗？

皮皮：……（皮皮摇摇头）

保育师：皮皮能知道让别人难受是不对的，值得表扬。那以后要管住小手哟。

皮皮：嗯。（皮皮低下了头）

保育师：我们去问问涵涵还疼不疼，好吗？

皮皮：好的。

皮皮犯错后保育师以谈话的方式让皮皮认识到了错误，幼儿之间的矛盾得以化解。如果你遇到这种情况，会怎样和皮皮谈话呢？

学习目标

1. 能说出谈话的基本类型、主要方法和基本技巧。
2. 能根据谈话方法和技巧制定生活和模拟工作场景中的谈话提纲。
3. 提升关注婴幼儿个体身心发育发展的教育情怀。

学习探索

请上网搜索"新干县幼儿园二园谈话",观看相关视频。思考:视频中教师与幼儿的谈话有哪些方面值得我们借鉴?

学习驿站

想一想
谈话在生活中十分常见,结合你与婴幼儿谈话的经历或你观察到的他人与婴幼儿的谈话,请简单地概括一下和婴幼儿谈话的基本特征。

谈话通常指以语言方式,互相交流信息、沟通思想、表达情感的一种社会现象。在保育工作中针对婴幼儿的谈话,主要是指为了解、沟通、处理、解决某一情况,与婴幼儿交流信息、传递思想、听取反馈、取得共识,促进婴幼儿综合发展的教师口语。

广义的谈话作为人际交往的主要手段,是人与人之间交流信息、传递感情的必备工具。保育师与婴幼儿的谈话,作为教育教学的重要用语,有自身的特殊意义:一是了解婴幼儿基本情况的基础手段;二是向婴幼儿传递信息的重要途径;三是处理婴幼儿突发情况的必要方式;四是提升婴幼儿语言能力的有效方法;五是促进婴幼儿全面发展的关键依托。

一、谈话的基本特征

在保育工作中,立足保育师谈话对象小龄化的客观实际,其谈话具有四个方面的特征。

(一) 角色引导性

角色引导性指的是保育师在与婴幼儿谈话中,需扮演了解、帮助、指导、促进等具有引导性角色的特性。角色引导性是保育师在教育教学活动中确保以婴幼儿为学习主体的基础上,教师主导性的充分体现。

(二) 情感真诚性

情感真诚性指的是保育师与婴幼儿的言语交谈应具有真情实感、积极投入、尊重对方的特性。情感真诚也是保育师应具备的基本职业操守。

(三) 浅显易懂性

浅显易懂性指的是保育师在与婴幼儿谈话时,使用符合婴幼儿认知、简单直白的语言，让婴幼儿能充分理解保育师言语的特性。浅显易懂性是保育师开启平等对话、有效对话的基础。

二、谈话的分类及方法

在保教工作中，谈话适用范围很广、应用率很高。针对婴幼儿的谈话可分为了解性谈话、鼓励性谈话、纠正性谈话三种类型。

谈话的方法

（一）了解性谈话

了解性谈话是为了解婴幼儿基本情况而进行的谈话。此类谈话的核心就是让婴幼儿能够较为准确、完整地表达事实，便于保育师了解情况。

1. 以关键词贯穿谈话过程

了解情况的谈话通常会涉及了解一个事件的时间、地点、人物，逻辑（如先后、大小、主次、强弱等）等关键信息，这些都需要在谈话过程中贯穿什么时候、在哪里、和谁一起、哪一个在前面等关键词。与婴幼儿的谈话更是如此。

> **案例** ▶▶▶▶
>
> 午睡后，翰翰突然哭了起来，保育师经过询问才知道，原来是翰翰从家里带来的水果味橡皮不见了。
> "翰翰的橡皮不见了呀？"
> "呜呜——"
> "翰翰想和老师一起找找吗？"
> "嗯。"翰翰停止了哭，直点头。
> "翰翰先告诉老师，最后一次用橡皮是什么时候？"
> "和点点老师画画的时候。"
> "在哪里画的画呢？"
> "座位上。"
> "画完画以后老师有没有让你拿给她看呢？"
> "嗯。"
> "那个时候带着橡皮吗？"
> "没有……不，不对，带了……"
> "然后呢？"
> "然后……然后……然后我手里拿不了，我放兜里了……"
> 于是，保育师顺着床垫摸了一圈，发现橡皮掉到缝隙里了。保育师和翰翰都笑了。

解析：在以上案例中，保育师通过提取关于时间、地点、人物的关键词"最后一次""在哪里""点点老师"等串起孩子的记忆，再核对事情的发展，最后陪伴孩子找回了橡皮。这种谈话就是直接找到问题的核心，以关键词串起谈话，解决问题。

2. 以清晰逻辑引导谈话过程

在谈话中，特别是要处理、解决一件具体的事情时，事情的内在逻辑会成为谈话的关键。在保育师与婴幼儿的谈话中，婴幼儿的表达可能是断续的、片段化的、零散无序的，这个时候就需要保育师运用清晰的逻辑加以引导。

案例

小班幼儿苗苗的妈妈要出差几天，她告诉老师这几天由爷爷接苗苗回家。

离园时，当爷爷接苗苗时，苗苗却大哭起来，爷爷急得手足无措。

保育师李老师一边手测苗苗额头、后颈的温度，一边轻轻地问苗苗："苗苗，身体不舒服？"苗苗摇摇头。

李老师一边对爷爷说："您别着急，苗苗很乖很勇敢的。"一边握住苗苗的小手说："苗苗，老师知道你有些难受了，我们把难受说一说吧！"

李老师把他们请到休息区，问清楚苗苗是因为想妈妈才哭的，于是给苗苗说了一些等妈妈的办法，还让苗苗每天回家和妈妈打视频电话。

在李老师的开导下，苗苗慢慢地平复了心情，跟着爷爷回家了。

解析：在案例中，幼儿突发的哭泣有时会让家长和老师手足无措。李老师逻辑清晰：排查幼儿是否身体不适—找到幼儿突然哭泣的原因—引导幼儿用好的方法化解情绪。从发现问题、分析问题到解决问题，李老师谈话逻辑清晰、有序，有效地解决了问题。

（二）鼓励性谈话

鼓励性谈话主要是指谈话对象在受到挫折、经历困难、需要支持等情况下，保育师对其进行鼓励的一种谈话。婴幼儿在成长过程中，会在生活、学习、发展、健康等方面遇到一些具体的困难，这就需要保育师及时予以鼓励性谈话。

1. 抓住婴幼儿的优点融入谈话过程

激励一个人的有效的方法之一就是以他客观存在的优点和长处去激励他。保育师在看到婴幼儿的优点后，进行激励性谈话能对婴幼儿产生更好的鼓励，使婴幼儿树立更强的信心。

> **案例** ▶▶▶▶
>
> 中班的小悠最怕过独木桥，每次过桥前都惴惴不安。
> "小悠，听你妈妈说，你生病不怕吃药？"
> "嗯。"
> "你也不怕老鼠。"
> "嗯。"
> "那你试一下，老师会在旁边保护你，也许你可以很棒地走过去。"
> 小悠点了点头，勇敢地往前走了过去。

解析： 在案例中，保育师抓住幼儿在生活中具体的优点进行交谈，让幼儿变得更有信心。

2. 把身边榜样的激励融入谈话过程

身边的榜样是鲜活而有影响力的。幼儿都有积极向上、主观向好，希望自己成为像榜样一样的人的愿望。在保育师与幼儿的谈话中，适当运用榜样的力量激励幼儿也是鼓励性谈话的有效办法。

> **案例** ▶▶▶▶
>
> 在手工活动中，莉莉想做手工可是怎么也做不好，于是就丢在一边，干脆不做了。
> "莉莉，怎么了？"
> "不做了。"
> "莉莉遇到困难了？"
> "不做了。"
> "来，我们看看涵涵的手工做得怎么样了？"
> "哇，好漂亮！"
> "你也可以和涵涵做得一样好的。"
> "真的吗？"
> "当然啦，我们一起重新来完成吧。"

解析： 以上案例就是用幼儿的同伴来示范，鼓励幼儿鼓足信心，克服困难。保育师简单的几句话，让幼儿鼓起了再次尝试的勇气。

（三）纠正性谈话

在人与人的谈话中，受角度、态度、观念、经历、知识等多种因素的影响，会出现认知不准确、观念不正确、方法不恰当、评价不客观等具体的需要纠正的情况，或是提前了解到谈话对象的言行不合理需要纠正的情况，这个时候所实施的谈话，就是纠正性谈话。因为婴幼儿的观察、认知、情感处于发展中，纠正性谈话也是常会进行的。

1. 准确把握需要纠正的情况

在谈话前了解到对方明显存在不正确且需要纠正的认识和言行而开展的谈话，就需要提前准确把握需要纠正的具体情况，这样利于谈话有针对性地开展。

案例

中班幼儿皮皮今天早上参加活动时精神不太好，吃午饭的时候却比平时吃得多而快，导致桌面和衣服上都有些饭粒。在餐后散步时，保育师刘老师与皮皮进行了谈话。

保育师："皮皮，幼儿园的饭菜是不是很香呢？"

皮皮："香！"

保育师："我也感觉出来了，但今天皮皮吃得特别快，能告诉我什么原因吗？"

皮皮："我奶奶回家了，妈妈做的早餐不好吃，我中午饿了。"

保育师："哦，原来是这样呀。皮皮肚子饿了，但是不能吃太快，一定要细嚼慢咽，吃太快了还容易咬着舌头呢。"

皮皮："是吗？那我要小心了。"

离园时，保育师积极地和皮皮妈妈沟通，建议皮皮妈妈提升早餐的质量。

解析： 保育师刘老师发现皮皮吃饭时撒饭后，没有进行批评，而是及时了解情况，掌握皮皮撒饭的真正原因，开展谈话活动。一方面，她与皮皮谈话，了解原因并引导皮皮正确用餐，纠正撒饭的问题；另一方面，她积极与皮皮妈妈沟通，建议妈妈提升早餐质量。

2. 用明确的言行标准予以正确示范

婴幼儿发展具有明显的阶段性特征，保育师应该立足于婴幼儿的特点，利用谈话，用明确的言行标准予以正确示范，这样既可以树立榜样，又可以对婴幼儿错误的言行予以纠正。

案例

中班的孩子们正在进行绘画活动。保育师林老师注意到小军和小辉因为争夺一支绿色蜡笔而发生了争执。小军紧紧地抓着蜡笔，大声说："我先选的！"小辉也不甘示弱："我先拿到的！"林老师赶紧走过去，把他俩叫到一边，轻声说道："孩子们，只有一支就只能一个人用，你们这样都不谦让，那可能今天你们是最后完成的哟。你们愿意吗？"小军和小辉都摇摇头。"那现在可以石头剪子布，赢的先用，行吗？"小军和小辉都点点头。

在午餐后散步的时候，林老师对小军和小辉说："我要表扬你们，今天小军先用绿蜡笔，但小军还没有用完就给小辉，小辉很快地用了又给了小军。把时间都用在了画画上，而不是用在争抢蜡笔上。"两个孩子都笑了。

解析： 保育师通过日常的谈话和正确的言行示范，立足于幼儿该阶段的发展特点，为孩子们树立了良好的榜样，也有效地纠正了孩子们错误的言行，让孩子们在温馨、和谐的环境中健康成长。

三、谈话的技巧

谈话是一门语言艺术，是人与人之间发展关系的重要手段。在保育师与婴幼儿的谈话中，婴幼儿年龄小，有时候表达具有不完整、不全面、不流畅的特点，婴幼儿的身心发展具有循序渐进的典型特征，所以保育师把握谈话技巧很关键。

（一）把握婴幼儿的具体状况，找合适时机谈话

找合适时机谈话，会事半功倍；时机不合适，不仅事倍功半，还可能失败。什么才是好时机？如果是了解性谈话，应在对方方便交流，且精神饱满、思路清晰、情绪平稳的情况下；如果是鼓励性谈话，应在对方遇到困难需要鼓励，且有主观进步意愿、通过激励可以取得进步的情况下；如果是纠正性谈话，应在对方言行不当且有改正的机会、通过谈话有纠正可能的情况下。

（二）把握婴幼儿的语言特点，用正确方式谈话

谈话者在谈话中，应把握对方的特点，以正确的方式开启谈话。保育师在与婴幼儿的谈话中，可关注这些技巧：一是谈话内容应该浅显易懂，在对方的年龄段可以听懂并接受；二是谈话可以多用比喻、拟人、夸张等修辞手法，举例生动具体更容易被理解和接受；三是语速要慢，尽量和婴幼儿保持同一速度或偏快一点。

（三）把握谈话的主要目标，用正确方法谈话

谈话最忌讳的就是开启谈话不切题，离题千里回不来，谈了许久未解决。在教育教学的谈话中，谈话者应该清晰把握谈话目标，明确谈话任务，围绕目标和任务选择合适的方式方法展开谈话。一般情况下谈话有两大主要目标，一是解决当下具体的实际的情况，二是促进婴幼儿的综合发展。明确目标后，谈话者应及时、合适、有效地进行谈话。

想一想

谈话在保育师工作中很常见，是促进儿童语言和个性发展的关键环节，请你对照《3—6岁儿童学习与发展指南》，以及前一项目中倾听的相关知识，思考与婴幼儿的谈话应该注意什么。

学习笔记

（四）把握谈话过程的反馈，以因势利导谈话

谈话本身就是双向交流、共同推进的一种语言交际，谈话双方的认识与反馈、态度与情绪、认同与反对都会对谈话过程和谈话结果产生影响。保育师在与婴幼儿的谈话中，要关注婴幼儿通过语言、神态、动作等做出的信息反馈，并作用于自己的谈话，要因势利导，避免出现"一言堂"的现象。

（五）把握谈话内容的特点，辅以合适肢体语言谈话

谈话是有意思的交流，除了语言信息，谈话者的动作、神态、表情都是传递信息的有效依托。在谈话中，保育师在关注婴幼儿言行的同时，巧妙地运用合适的动作、专注的神态、鼓励的眼神，会使谈话更有感染力和成效。

云测试

一、活动内容

一起找"茬"儿

二、活动目标

1. 通过活动材料，进一步加深对与婴幼儿谈话特点的认识。

2. 结合学习内容，通过活动材料，逐步掌握与婴幼儿谈话的主要方法。

三、活动要求

1. 两个人一组，结合保育师与婴幼儿谈话的特点，找一找活动材料中保育师谈话不适宜的用语，并用横线画出来。

2. 修改找出来的不适宜的用语，并记录在旁，再进行模拟对话。

四、活动材料

小班幼儿涵涵饭前不爱洗手的情况已出现多次。

保育师："涵涵，跟你说了几次了，洗手了吗？"

涵涵："我不要洗。"

保育师："不洗手你不怕大肠杆菌诱发肠炎吗？"

涵涵："……"

保育师："知道错了还不改！"

涵涵："洗手水太凉了。"

保育师："洗手水太凉，吃药、打针、输液，就不会痛了是吧？"

涵涵："我不要打针。"

保育师："那还不快去洗手！"

涵涵:"哦。"

涵涵说完,不情愿地向洗手间走去。

巩固练习

1. 仔细阅读下面的材料,结合学习内容回答问题。

在跳远运动中,皮皮跳远总是落后于其他同学很多,后来班上只要有体育活动,皮皮就想逃避。一次体育活动之前,保育师专门把皮皮叫到操场。

"皮皮,跳远是一项特别好的运动。"

"一点都不好。"

"老师发现呀,皮皮是特别乐观、特别勇敢的孩子,上次皮皮摔跤膝盖破了皮,皮皮都没有哭,对吧?"

"嗯。"

"皮皮回忆一下,你的同桌苗苗,个子比你小,可是她跳远的时候总是微微笑,所以就可以跳得更远一些。"

"嗯。"

"老师相信,你跳远之前只要微微笑,跳的时候按照老师说的做,一定可以跳得很好。"

"真的吗?"

"那我们试一下呗。"

"好吧。"

"来,深呼吸……微微笑……摆手——半蹲——跳!"

"远吗?"

"挺好的!不过,还可以更好!来,看这里,再试一下,下次一定可以跳到这里。"保育师指着第一次落脚的地方前一厘米处。

皮皮学着第一次的方法,深呼吸,微微笑,摆手——半蹲——跳。

"哇!皮皮好棒!"

皮皮真的跳到了保育师预设的位置,高兴地说:"老师,我可以,我可以……"

(1)材料中,保育师应用了哪些谈话方法?

(2)材料中,保育师把握了哪些谈话的注意事项?

(3)请和同桌一起扮演保育师和幼儿的角色,感受保育师与幼儿的谈话。

2. 根据所给背景,制定与幼儿的谈话提纲,可用思维导图表示。

幼儿园中班的琪琪是个爱学习、爱思考且遵守班级纪律的孩子,可是琪琪个性内敛,怯于当众回答问题，平时也不善于和小朋友交谈。

拓展提升

一、阅读以下材料，并尝试应用到生活和工作场景中

进行开放性谈话 学会与对方说"我们"

保育师工作中的开放性谈话，一般指没有严格的提问限制与答案标准、没有固定的谈话方式与谈话方法、没有指定的谈话场地与谈话时间，能结合谈话的目的、任务，灵活采用谈话方式方法的一种谈话方式。

开放性谈话既是一种态度、一种能力，也是谈话中非常重要的一种素养。在保育师与婴幼儿谈话中，开放性谈话是重要的，也是必要的。

在开放性谈话中，要注意"真开放性"和"假开放性"。我们来做一个小测试。

大班的瀚瀚上课时总是喜欢打扰周围的同学，要么拿别人的东西，要么递零食给他人，要么玩女同学的头发，要么把贴画粘在同学身上。最近的一次，他抢了同学的绘本，还在书上乱涂乱画。你很生气，找到瀚瀚谈话。以下几种情形中，最有可能发生的是哪一种。

A.（教室里瀚瀚座位旁边）我跟你说了多少遍了？我也没有时间再说了，让你爸爸来学校吧！

B.（教室里一个安静的角落）你说说，你为什么要这么做？老师给你机会。

C.（教室外走廊上，没有其他人经过）瀚瀚，你跟老师说说，你上课干什么了？（听瀚瀚陈述）你为什么要这么做？（听瀚瀚陈述）那以后我们一起这样做好不好？……

以上三种谈话情况，既反映了谈话的不同层次，也是开放性的不同体现，A 类最低，C 类最高。如何做好开放性谈话？一是要充分了解谈话对象的具体情况；二是要选择合适的谈话场合，运用合适的谈话方式；三是要灵活运用谈话中的用语，比如"老师认为……""你觉得呢""要不……""这样好不好"等。下面谈谈"我们"的应用。

在谈话中，如果反复用"你"或者"你们"，会阻碍双方的谈话。一是谈话对象会有谈话双方不同立场的感受，有时甚至会理解成敌我矛盾，不利于从根本上解决问题；二是谈话对象在心理上会有一定的压迫感和不安全感，总会觉得是被谈话或被要求，不利于谈话过程的顺利进行；三是谈话对象会对解决问题的信心不足，不利于鼓励其勇敢面对、积极应对。

保育师在与婴幼儿的谈话中，多用"我们"代替"你"或"你们"，会让婴幼儿感觉到老师的亲切和蔼，有利于建立彼此的信任；会让婴幼儿感受到谈话氛围轻松，从而使婴幼儿敢于表达，乐于交谈；会让婴幼儿觉得和老师是同一战线的，有利于婴幼儿树立信心，积极配合，最终提升谈话的整体质量。

这种方法在教师与同事、家长、领导的谈话中，同样也适用。

二、阅读图画书《猜猜我有多爱你》，感受有智慧的母亲与可爱的孩子之间的谈话

猜猜我有多爱你

小栗色兔子该上床睡觉了，可是他紧紧地抓住大栗色兔子的长耳朵不放。
他要大兔子好好听他说。
"猜猜我有多爱你。"他说。
大兔子说："哦，这我可猜不出来。"
"这么多。"小兔子说，他把手臂张开，开得不能再开。
大兔子的手臂要长得多，"我爱你有这么多。"他说。
嗯，这真是很多，小兔子想。
"我的手举得有多高我就有多爱你。"小兔子说。
"我的手举得有多高我就有多爱你。"大兔子说。
这可真高，小兔子想，我要是有那么长的手臂就好了。
小兔子又有了一个好主意，他倒立起来，把脚撑在树干上。
"我爱你一直到我的脚趾头。"他说。
大兔子把小兔子抱起来，甩过自己的头顶，"我爱你一直到你的脚趾头。"
"我跳得多高就有多爱你！"小兔子笑着跳上跳下。
"我跳得多高就有多爱你。"大兔子也笑着跳起来，他跳得这么高，耳朵都碰到树枝了。
这真是跳得太棒了，小兔子想，我要是能跳得这么高就好了。
"我爱你，像这条小路伸到小河那么远。"小兔子喊起来。
"我爱你，远到跨过小河，再翻过山丘。"大兔子说。
这可真远，小兔子想。
他太困了，想不出更多的东西来了。
他望着灌木丛那边的夜空，没有什么比黑沉沉的天空更远了。
"我爱你一直到月亮那里。"说完，小兔子闭上了眼睛。
"哦，这真是很远，"大兔子说，"非常非常的远。"
大兔子把小兔子放到用叶子铺成的床上。
他低下头来，亲了亲小兔子，对他说晚安。
然后他躺在小兔子的身边，微笑着轻声地说："我爱你一直到月亮那里，再从月亮上回到这里来。"

——选自：[英]山姆·麦克布雷尼. 猜猜我有多爱你. 梅子涵，译. 济南：明天出版社，2008.

学习评价

根据前面的学习，对自身谈话的综合能力做一个小测试。

谈话水平综合测试表　　评价人_____　　总分_____

序号	测试内容	得分说明	得分
1	具备基本的倾听能力，能听懂对方表达的意思。	能完全听懂对方的表达，得8~10分；能基本听懂对方的表达，得5~7分；能听懂部分内容，得1~4分。	
2	具备良好的倾听共情能力，能站在对方发展角度思考问题。	共情能力好，能很好地站在对方角度思考问题，得8~10分；具备一定的共情能力，能在一定程度上站在对方角度思考问题，得5~7分；不具备共情能力，经常不能站在对方角度思考问题，得1~4分。	
3	谈话前，能明确谈话的具体目标任务。	谈话前有明确具体的目标任务，得8~10分；谈话前大概知道并基本明确谈话目标任务，得5~7分；谈话前无明确目标任务或目标任务模糊不清，得1~4分。	
4	谈话初，能以合适的方式开启共同的谈话。	根据是否具备开启合适的谈话的能力，得1~5分。	
5	谈话中，能正确地应用谈话方法，合适地组织谈话。	1.根据掌握谈话方法的情况，得1~5分。 2.能正确应用谈话方法开展谈话，得6~10分；若不能，得1~5分。 3.根据使用的谈话方法取得的效果，得1~5分。	
6	谈话中，能及时地关注对方的表情、神态、动作，并能正确地理解。	根据关注和理解的情况，得1~5分。	
7	谈话中，能根据对方的言语情况及时反馈。	根据对对方言语的反馈情况，得1~5分。	
8	谈话中，能应用不同的修辞手法、表达方式优化谈话效果。	根据灵活应用谈话方式方法情况，得1~5分。	
9	谈话中，谈话内容和谈话氛围可控，并整体处于和谐状态。	能很好或较好地控制谈话过程，状态和谐，得6~10分；不能较好地控制谈话过程，且过程不和谐，得1~5分。	
10	能很好地完成谈话目标任务。	能很好地或较好地完成谈话目标任务，得16~20分；不能较好地完成谈话目标任务，得1~15分。	

反思感悟 ▶▶▶▶

亲爱的同学：通过本项目的学习，相信你已经有了不少收获，请根据下列提示做个记录吧。

1. 我学到的知识有：

2. 我学会的本领是：

3. 我还希望学习的是：

项目 16
讨 论

情境描述

　　保教部陈园长正在组织保育师讨论即将开展的"自己的事情自己做"活动计划。大一班李老师说："我们可以通过讲故事的方式，让小朋友们理解自理能力的重要性。"中一班张老师说："我们可以设计一些趣味性的游戏，如穿衣服比赛、穿鞋子比赛，让孩子们在游戏中提升自理能力。"小二班周老师补充道："我们还可以邀请家长一起参与，让他们看到孩子的成长，从而在家中也能延续这样的教育理念。"听完大家的讨论，陈园长提出了一些关键问题让大家进行深入的思考，如不同年龄段开展的活动是否一致？如果不一致应选择哪些适宜的活动来开展？经过深入的讨论，大家一致同意将好的建议融入活动方案，并为后续的活动开展做好准备。

　　在学习或生活中你参与过哪些讨论？如果你是案例中的老师，会怎样参加大家的讨论呢？你还会为他们的计划提供哪些建议呢？请记录下你的想法吧！

学习目标

1. 知道讨论的基本含义、特点和基本形式。
2. 能根据讨论的不同类型，运用讨论要领开展积极讨论。
3. 掌握讨论的基本技巧，促进与他人之间的沟通能力。

学习探索

　　请上网搜索幼儿集体讨论的视频，观看并思考：小朋友们在讨论什么？是怎样讨论的？参与讨论情况怎样？老师是如何参与他们的讨论的？

 **学习驿站**

讨论是会话体口语的一种类型,是指两个或两个以上的人就某问题进行观点的分析与交流。通过讨论,双方可以充分地交流观点和见解,互相启发,取长补短,提高思想和认知水平。讨论是师幼之间、幼幼之间、师师之间必不可少的交流形式。讨论的质量对保育师工作的开展有着重要的影响。根据保育师的工作,讨论主要分为专题式讨论和随机式讨论两种。

一、专题式讨论

专题式讨论是指围绕一个主题,由组织者列出相关的问题,大家展开深入的讨论。这种类型的讨论有一位或多位主持者,参加讨论的人在主持者的组织下参加讨论。针对讨论的内容有明确的话题和预定的目标,如研讨会、工作坊、论坛等。

话题的选择

(一) 专题式讨论的特征

1. 有计划、有目的

有效的讨论建立在讨论者双方有充分准备的基础上,一般具有一个明确的目的和话题。讨论前应对议题进行思考、分析,从而有计划、有步骤地围绕话题展开讨论。保育师在日常工作中,与领导讨论保教工作的有效配合、与婴幼儿讨论日常规则都是建立在有经验的准备基础上的;同时,也会研讨出一个大家都比较认同的结果。

> **案例** ▶▶▶▶
>
> 每周二中午是乐乐幼儿园保育师们集中学习的时间,负责管理的谢老师每周都会组织保育师针对上周各班出现的共性问题进行讨论。本周讨论的主题是"各班剩菜的原因是什么?如何减少幼儿饭菜的浪费?"各位保育师根据自己的已有经验,围绕这个话题展开了深入讨论。在讨论剩饭的原因时,李老师分析说:"我们班挑食的小朋友太多。"张老师说:"食堂送上来的饭量与班上的人数不符,饭太多导致浪费得多。""有些饭菜不太合小朋友的胃口。"……于是大家针对浪费问题展开了新一轮的讨论,陈老师认为一定要结合各班现有人数准备饭菜;张老师建议调整一下菜品的搭配,这样更能吸引孩子们就餐;邓老师则建议多带孩子们进行体育运动……最后谢老师将老师们讨论的内容进行了汇总,同时也分享了运用多种方式鼓励幼儿少剩饭,进行光盘行动,培养良好用餐习惯教育的策略。

解析：以上案例是保育师在长期观察幼儿进餐的情况后做出的讨论与交流。他们在观察了幼儿的浪费行为后，分析了行为背后的原因，并根据各自的原因商讨出相应的解决方案，以培养幼儿爱惜粮食的美德，促进幼儿良好进餐习惯的有效培养。

2. 有重点、有针对性

讨论应该抓住核心，聚焦关键点进行有针对性的交流。在交流过程中，讨论者需聚焦关键问题，深入分析背后的具体原因，确保讨论始终围绕主题展开。同时，讨论者还需时刻注意引导参与者的思维方向，一旦发现参与者偏离主题或抓不住要领，应及时点拨，提示要点，指明方向。这种讨论方式不仅有助于高效解决问题，还能提升参与者的思维能力、解决问题的能力和讨论交流的时效性。

> **案例** ▶▶▶▶
>
> 保育师王老师在组织小班幼儿排队取饭时，总有一些幼儿喜欢插队或往前挤，针对这一情况，她在餐前与幼儿展开了讨论。
>
> 师：小朋友们，你们知道取饭时为什么要排队吗？
> 幼1：因为这样才能更好地端上饭。
> 幼2：小朋友不会被挤到。
> 幼3：被撞到就吃不上饭了。
> 幼4：被撞到了头上会起一个大青包。
> 幼5：还会去医院缝针。
> 当幼儿的话题逐渐偏离保育师的提问时，保育师是这样做的。
> 师：你们知道了不排队的危害性，那可以用什么样的方式提示大家有序排队呢？
> 幼4：一组一组地来。
> 幼5：在地面贴一个标识，我们按照线路来走。
> 幼6：对，就像地铁站的黄色标线一样。
> 幼7：对，还可以贴一个脚板，我们按照脚印走就一定不会乱糟糟的了。
> 师：嗯，我觉得这个办法也不错，那我们一会儿去找工具来试试吧。

解析：案例中的保育师主要围绕幼儿日常排队出现的问题进行集体讨论，当在讨论的过程中发现幼儿的讨论偏离预设的目标时，保育师及时用提问的方式将幼儿的思维拉回话题的重点，让幼儿以自己的方式讨论出排队的方式，从而促进他们规则意识的发展。

3. 有互动、有开放

真正的讨论不是单向的问答，而是彼此交叉地表达、交流自己的想法，是以探索、实践、体验为主的一种学习形式。它以解决问题为主要呈现方式,旨在促进讨论双方进行思维碰撞与经验提升。在讨论中,无论是提问、质疑还是反驳,都应被视为推动讨论深入的重要动力。因此,一个富有成效的讨论,必然是互动与开放并重的。它能让参与者在交流过程中共同成长,达到对问题更深入、更全面的理解。

学习笔记

案例 ▶▶▶▶

大一班在新学期初,从其他幼儿园转来了一个小朋友妮妮。妮妮刚到一个新环境,非常不适应这个班级。班上的张老师看到这样的情况,利用午休时间与班组成员展开了讨论。

张老师:"针对妮妮这个情况,你们觉得我们该如何帮助她尽快适应新环境呢?"

刘老师:"她在原来的幼儿园上了两年学,肯定是非常有感情的,这个还真有点难度呢。"

保育师陈老师:"我们能不能从这方面入手,让她给我们讲讲,以前的幼儿园有啥好玩的,让她带着小朋友们玩玩以前的游戏。"

张老师:"这个办法可以,减少她的陌生感。"

刘老师:"我觉得我们在生活上也要更加关注一下她。"

保育师陈老师:"是的,我在这方面多费点心,关注一下她的情况,多陪着她玩。"

张老师:"是的,相信在我们的引导下,她会慢慢喜欢这个班级的!"

解析:案例中的老师们针对才转入班级的小朋友展开了讨论,在讨论的过程中,他们首先关注了该小朋友的行为,然后,一起梳理这背后的原因,最后对如何解决问题达成了共识。这是一次成功的班组成员的讨论,通过这样的讨论,他们达到了教育目标。因此,讨论问题时只有大家理念一致,并聚焦问题进行有效交流,才能让讨论有意义。

 想一想

我们在与他人讨论时,还有哪些需要注意的地方?

(二)专题式讨论的要领

1. 营造轻松氛围

(1)参与讨论时氛围的营造

参与者应该以谦虚、专注的态度参与讨论。在讨论前,仔细分析话题,积极准备发言的观点。在讨论的过程中,理智、认真地听取他人的发言,围绕话题积极表达自己的观点和看法。发言时做到观点鲜明,重点突出,简明扼要。

(2)环境氛围的营造

专题式讨论以正式的交谈形式开展,在开展讨论的过程中应该注重环境氛围的营造。只有为参与者创造一个轻松、开放、包容的物理环境,才能让参与讨论的人自如地表达自己的观点。组织者应根据讨论的内容、人数的不同,设计适宜讨论的座位安排,如圆形、半圆形、梯形等,或是集中型、散点型的座位布置,便于有效开展讨论活动。

学习笔记

（3）主持讨论时氛围的营造

组织者在主持讨论时，首先，应该营造一个积极、轻松的讨论氛围，以民主、真诚、友好的态度邀请大家参与讨论。其次，在研讨过程中应尊重他人的表达，耐心听取他人的意见，不随意打断别人的话语，更不能直接否定他人的观点。最后，以机智、幽默的方式引导大家在讨论中畅所欲言。

2. 提取关键信息

在讨论的过程中，大家都在表达自己的观点，如何从他人的表达中获取关键信息呢？首先，讨论时要认真倾听他人的想法，当听到对方的关键词或"核心信息"时，要及时记录并转换成自己的语言；其次，在讨论的过程中遇到观念不一致时，可以以提问的方式与对方进行深层次的探讨，要明白对方所要表达的核心要点。讨论过程中记录的关键词或者句子用重音的方式进行点评。如"大家刚刚说到的遇事要冷静的方法特别好。""对，我们应该按照步骤开展。""扁平化的管理能激发我们的主人翁意识。"

3. 善于控制话题

在讨论的过程中，参与讨论的对象由于对话题的理解不一样，往往会出现在自由交谈中随意改变话题主旨的情况。如在讨论的过程中出现词不达意、跑题等现象。如果在讨论的过程中偏题，就会使讨论没有中心，不能达到预期的目的。因此，当我们在讨论的过程中发现别人出现跑题的现象时，应该运用适当的体态语提醒对方，用委婉的方式阻止对方继续说下去，尝试把话题引到中心话题上。

4. 及时归纳总结

讨论结束后，主持人要对专题内容进行归纳和概括，梳理出回答的要点。当讨论的意见不统一、没办法达成共识时，可采用集体表决或投票的方式进行。如幼儿在讨论谁可以排在第一、哪一种玩具最好玩时，保育师应该归纳多数人的意见，然后公开展示，做好统计工作，并宣布最终的讨论结果。在结论中，以评论的方式进行总结，语言简洁、精练，以肯定性的语言表扬大家所做的努力。如"你们的想象力非常丰富""你想的办法与众不同""你给出的建议对我来说很有帮助"。

二、随机式讨论

随机式讨论是保育师根据婴幼儿的需求和心理状态，随时安排进行的讨论，以解决保教工作中的问题。讨论的结果不固定，双方在宽松、自然的氛围下以自由讨论的方式进行。保育师在参与保教工作时，会根据工作的需要，围绕当下的一个热点话题或感兴趣的话题与对话者展开讨论，在自由讨论中引发幼儿

> **运用提示**
>
> 掌握讨论的要领，可以帮助你在与他人交流时快速抓住讨论的重点，这一切都建立在有效倾听的基础上，因此，与他人讨论时，倾听能力的培养非常重要。

主动思考、主动学习。晨间交谈、观察植物、规则制定、大型活动的组织与策划等都属于随机式讨论。

(一) 随机式讨论的特征

1. 具有民主性和平等性

随机式讨论的核心在于其民主性和平等性。这种方式鼓励所有参与者，无论年龄大小、角色地位，都围绕特定话题自由发表观点，相互交流、启发和学习。在这种讨论中，没有固定的答案或权威的声音，每个人都有机会表达自己的想法，倾听他人的观点，并在平等的基础上共同构建知识。这种民主和平等的氛围有助于激发参与者的创造力和批判性思维，促进参与者更深层次的学习和理解。

2. 内容灵活

内容灵活性是随机式讨论的一大特点。这种讨论方式不受固定话题或预设框架的限制，可以根据实际情况和参与者的兴趣进行自由调整。这种灵活性既丰富了讨论的形式，也拓宽了参与者的视野。

3. 形式多样

随机式讨论的形式多样，不限于传统的问答形式，还可以包括小组讨论、角色扮演、案例分析等多种互动方式。多样的讨论形式能够激发参与者的积极性和创造力，使他们在不同的交流场景中锻炼沟通能力、团队协作能力和批判性思维。

(二) 随机式讨论的要领

1. 寻找时机，引出话题

在开展随机式讨论时，时机的把握非常重要，一旦错过了关键节点或关键信息就失去了最佳的讨论时间。因此，我们在日常工作中应把握好每一次交谈的机会，有针对性地、及时地开展讨论。在日常工作中，保育师随时随地都会与幼儿进行讨论，如纠正幼儿的不良行为、观察植物的生长变化等。

> **案例** ▶▶▶▶
>
> 午饭后，中班的保育师李老师带着小朋友们来到操场散步，走过小菜园时锐锐突然指着一颗青菜说："呀，我们的青菜上面怎么有些洞洞呢？"悠悠凑上去一看说："糟糕，是虫子把我们的菜给吃了。"李老师说："大家有什么办法可以消灭虫子吗？"乐乐说："我们去找水管把虫子冲走。"欣欣补充道："我们可以找块布把菜遮住，这样虫子就吃不了菜叶了。"然然说："我们家有专门灭虫的药，可以用来消灭它。"小朋友们兴高采烈地讨论着消灭虫子的方法，李老师笑着说："回到教室后你们可以把自己的方法画出来，我们一起来看看哪些办法可以更好地消灭害虫！"

解析： 案例中的锐锐通过对菜叶的细致观察，发现叶子被虫子咬了，于是引发了一次深入的讨论。在讨论过程中，李老师尊重每个幼儿的观点，支持他们发表不同的看法，并且通过开放式的提问来提升幼儿的已有经验，激发他们的探索欲望。

2. 认真倾听，适时引领

讨论有助于专心、礼貌地倾听别人的想法。我们在向他人表达想法的时候，不能只顾表达自我，而忽略认真倾听他人的想法。同时，在倾听的过程中，我们还要适时地进行引领，通过提出引导性的问题或者给出一些提示，激发幼儿的好奇心和探索欲，引导他们深入思考、自主探索。这种方式不仅能够帮助幼儿更好地学习和成长，还能够培养他们独立思考的能力和解决问题的能力。

案例 ▶▶▶▶

三岁的澄澄在自然角观察小蝌蚪的时候向一旁的保育师提出了这样一个问题："为什么这只蝌蚪有两条腿，另外一只蝌蚪有四条腿呢？"保育师没有立即告诉他答案，而是把这个问题抛给了其他幼儿；同时，引导其他幼儿观察这两只蝌蚪的不同之处。其他幼儿也十分好奇，纷纷讨论了起来。幼儿回到教室后，保育师便组织他们就"两只蝌蚪的腿不一样"展开了讨论。

解析：面对幼儿澄澄关于蝌蚪腿数量不同的疑问，保育师没有直接给出答案，而是巧妙地将问题抛给其他幼儿，引领他们共同观察、参与讨论。这种方式不仅激发了幼儿的好奇心和探索欲，还培养了他们的观察力和团队合作精神。通过这个案例可以看出，这种以幼儿为中心、在师幼互动中注重引领和支持的教育方式，值得我们深入学习和借鉴。

3. 尊重发起者，及时回应

在讨论的过程中，有效进行回应可以帮助讨论者及时梳理关键信息，助推话题内容往更深层次发展。我们应尊重话题发起者，多关注他们为什么有这样的想法，通过层层提问来提炼话题的关键信息。回应的方式有很多种，如追问、重复、拓展、提供支持、总结等。

案例 ▶▶▶▶

保育师陈老师在辅助大班幼儿进行建构活动，欢欢跑过来对陈老师说有两个小朋友在吵架。陈老师走过去，只见乐乐委屈地说："建构材料是大家的，就应该一起玩。"琳琳却说："那一筐材料是之前小组已经选定的，不可以去抢。"面对这一争执，陈老师没有立即做出回应，而是告诉他们"不要吵了，你们好好商量一下吧"。接着，她就走向了另一侧。陈老师走后，两个小朋友的争执越发严重，谁也不让谁，就开始了"抢材料"大战。在争夺材料的过程中琳琳的脸被乐乐抓伤了。这时，陈老师走过来生气地说："刚刚不是让你们好好商量的吗，为什么要打架呢？"

解析： 在案例中，幼儿向保育师表明了自己遇到的问题，但是没有得到保育师的足够重视，导致争执越来越严重。很遗憾，保育师错过了一次引导幼儿学会合作、解决问题的机会。

实训活动

活动一

一、活动内容

选择填空

二、活动目标

1. 熟悉讨论的基本特征。
2. 能根据活动材料描述判断讨论的类型。

三、活动要求

认真阅读活动材料，结合已学内容，判断活动材料中的讨论属于哪一类型，写在括号里。

四、活动材料

1. 某幼儿园的园长召集各班老师就如何对幼儿园进行大力宣传进行了讨论。（   ）

2. 一位老师发现幼儿园外车道两边的花都开了，于是，她在吃早餐时针对今早的发现与老师们展开了讨论。（   ）

3. 小班组的老师针对春季运动的游戏活动进行了热烈的讨论。（   ）

4. 四岁的乐乐发现他上周种下的花种子发芽啦，于是他和身边的小伙伴一起讨论了起来。（   ）

活动二

一、活动内容

情境模拟

二、活动目标

1. 理解讨论要点。
2. 分析活动材料，能针对重要问题设计活动内容。
3. 勇于分享自己的设计，表达要完整。

三、活动要求

1. 认真阅读活动材料，分析材料重点问题。

云测试

想一想

在日常生活中，你喜欢和同伴讨论哪些话题？你认为在与同伴进行随机讨论时应注意哪些问题呢？

学习笔记

2. 模拟保育师的角色设计相应的活动，形式不论，方法可多种多样。

四、活动材料

今天，幼儿园中班的小朋友们在自然角进行了一次关于"购买什么小动物"的讨论活动。这次活动由保育师王老师主持，目的是征求小朋友们的意见，为自然角增添一位新成员。活动开始时，王老师提出了讨论的主题："我们想在自然角里养一只小动物，小朋友们觉得应该养什么呢？"小朋友们立刻七嘴八舌地讨论起来。有的说想养小兔子，因为小兔子很可爱；有的说想养小鱼，因为小鱼可以在水里游来游去……讨论非常热烈，小朋友们都积极地发表自己的意见。然而，随着时间的推移，有的小朋友开始谈论起自己家里养的小动物，有的小朋友则开始讨论起小动物的食物和习性。王老师发现小朋友们偏离主题后，适时地进行了引导，试图将话题拉回到"购买什么小动物"上。但是，小朋友们的讨论热情很高，很难一下子将话题拉回来。于是，她先让小朋友们继续讨论自己感兴趣的话题，然后在适当的时候再引导他们回到主题上。最终，经过一番讨论和投票，小朋友们决定购买一只小兔子作为自然角的新成员。

五、活动建议

可以将设计的情境、对话与同伴一起演一演，说一说，验证一下方法的可实施情况。

活动三

一、活动内容

头脑风暴

二、活动目标

1. 了解不同话题的重点问题。

2. 能聚焦主题，寻找切入点，计划并设计讨论内容。

三、活动要求

1. 从活动材料中自选一个主题，分组进行讨论。

2. 讨论前推举一位主持人，梳理讨论流程并组织讨论。

3. 参加讨论的人提前写出发言提纲。

4. 讨论后要评议主持人的组织水平与发言者发言的内容和态度。

5. 发言时间控制在 3 分钟以内。

四、活动材料

主题推荐

主题 1. 怎样对待挫折

主题 2. 怎样练好技能

主题 3.怎样做好班级文化建设
……

五、活动建议

可以自拟同学们感兴趣的热点问题或想要解决的问题作为主题。

> 学习笔记

巩固练习

1. 请用思维导图的形式画出专题式讨论的特点及准备。

2. 请写出专题式讨论和随机式讨论有哪些区别。

⊙ 拓展提升 ▶▶▶▶

与他人讨论的礼仪

同学们，你们是不是发现与他人进行讨论时，有一部分人就像磁铁一样，吸引着大家，总是能够成为聊天的中心？聊着聊着，大家都在听他们说了，而且还听得兴致勃勃。是他们形象很好？声音好听？很有学问？到底为什么他们可以而我不行？

下面为同学们推荐讨论的原则，一起来看看，希望对你们有所帮助。

1.谈论别人感兴趣的话题。

谈论别人不喜欢的话题，纵使你的话再多，说话技巧再高超，也难以引起别人的兴趣，更不要说引起对方的共鸣了。

2. 懂得适时保持沉默。

试想一下，如果大家都在讨论的过程中认真倾听别人的发言，你却在下面用大家都能听得到的声音评论。或者是在一个正式的场合，大家都在专心思考时，你却兴奋得手舞足蹈。这样的你会受大家的欢迎吗？

3. 不要谈论陈旧无聊的话题。

针对一个话题翻来覆去地交谈，对倾听者毫无益处，也会给人一种不思进取、头脑简单的印象。对方自然会感到你缺乏生气，比较古板、拘谨。

4. 尽量避免使用专业术语。

每个行业都有专业术语，但在非专业领域的场合，与对自己行业所知甚少的人交谈时，不宜使用专业术语。如果在他人面前故意使用专业术语，会使人觉得你不易融入大众、卖弄学问。

5. 切忌在与他人交谈时谈论敏感的话题。

在与他人交谈时插入让别人不舒服的话题或者让别人不好意思的话题，会让在场的人感到尴尬。比如，谈论别人的身高、体重、感情生活、无聊八卦……会使他人感到难堪，降低对你的好感度。

学习评价

本项目学习完成，请根据下表要求完成评价，可采用自评与他评的方式评价。

项目考核评价表（100分）　　评价人_____

维度及分值	等级标准					得分
	一等	二等	三等	四等	五等	
学习态度（30分）	每天能坚持本课程相关学习30分钟以上。（25~30分）	每天能坚持本课程相关学习20分钟以上。（15~24分）	每天能坚持本课程相关学习10分钟以上。（10~14分）	每天参与本课程相关学习不到10分钟。（5~9分）	每天参与本课程相关学习不到5分钟。（0~4分）	
能力运用（50分）	能按要求圆满、高效地完成课堂、课后练习全部内容，并指导他人完成。（40~50分）	能按要求独立、圆满地完成课堂、课后练习全部内容。（30~39分）	能按要求完成课堂、课后练习全部内容。（20~29分）	能基本按要求完成课堂、课后练习全部内容。（10~19分）	几乎不能按要求完成课堂、课后练习全部内容。（0~9分）	
知识掌握（20分）	能正确、完整地描述所学的全部知识，能提出与之相关的问题进行探究。（17~20分）	能正确、完整地描述所学的全部知识。（13~16分）	能在他人指导下正确、完整地描述所学的全部知识。（9~12分）	能在他人指导下基本正确、完整地描述所学的全部知识。（5~8分）	几乎不能描述所学的知识。（0~4分）	

反思感悟 ▶▶▶▶

亲爱的同学：通过本项目的学习，相信你已经有了不少收获，请根据下列提示做个记录吧。

1. 我学到的知识有：

2. 我学会的本领是：

3. 我还希望学习的是：

项目 17
对　话

情境描述

三岁的稳稳正蹲在鱼缸旁边观察小金鱼。

保育师张老师亲切地询问道:"稳稳,你在看什么呢?"

稳稳说:"我看到有的金鱼有两条腿,有的金鱼有四条腿。"

张老师问道:"哪个是它的腿呢?"

稳稳指着金鱼的鱼鳍说:"这个。"

张老师接着说:"哪些金鱼有两条腿?哪些金鱼有四条腿呢?"

稳稳指了指红草金鱼说:"这是两条腿的金鱼。"又指了指燕尾金鱼说:"这是四条腿的金鱼。"

你知道张老师在和稳稳的对话中,获取了哪些关键信息吗?你在师幼的对话中发现了什么?

学习目标

1. 能说出对话的价值和意义。
2. 能根据不同的对象,运用恰当的对话技巧开展对话活动。
3. 能以平等、理解、融洽的方式与他人交流。

学习探索

请上网搜索老师与全班小朋友集体对话的视频并观看,然后交流以下问题。

1. 你观察到视频中的师幼对话有什么样的特点?

2.视频中的师幼对话一般运用于保教工作中的哪些情境？

学习驿站

对话是以语言为媒介，对话者在平等、尊重的基础上进行的言语、思想、情感上的交流。与谈话不同的是，它不是为了达到某一个目的开展的语言交流，而是以"敞开""接纳"的方式，与他人自由沟通，是与他人互相交流认知、想法和困惑的有力的工具。保育师在日常工作中，会与不同对象对话，如与婴幼儿对话、与领导同事对话、与家长对话……通过不同的对话获取有效信息。

一、对话的类型

为保证保教工作的顺利开展，根据表征进行分类，对话可分为以下几种类型。

（一）主导型对话

主导型对话由发起对话者决定对话的主题、内容，决定由谁来回应，在对话中占主导地位。在日常工作中，常见的由保育师发起的对话采用"保育师提问—婴幼儿答—保育师结束"的形式，一般用于点名、询问缘由等；也有由幼儿发起的如告状、求助等对话。它们都属于主导型对话。

案例 ▶▶▶▶

大（2）班早操结束后，小朋友们排着队如厕，皓皓却站在厕所门口不让别的小朋友进去。有小朋友告诉了保育师。"皓皓，你为什么要堵在厕所门口呢？""进门请刷卡。""可是你耽误了其他小朋友上厕所的时间，你赶紧放手，以后不许这样玩了。"

解析：案例中的皓皓堵在厕所门口不让其他小朋友进，保育师有可能是没有了解幼儿这一做法背后的原因，也有可能是了解到原因但不赞同他这样的做法，因此以命令式的口吻纠正皓皓违反常规的行为。在这样的对话中，保育师减少了幼儿说话的机会，同时也降低了幼儿对游戏、事物的探究欲望。

（二）自发型对话

自发型对话是生活中自然而然发生的对话。对话的内容一般根据双方的兴趣、游戏以及合作随机产生。在日常工作中，常见的自发型对话是幼儿与保育师、同伴之间随机展开的交流。话题主要由幼儿发起、幼儿结束，如一日活动中的分享、聊天、游戏交流等都属于自发型对话。

> **案例**
>
> 兮兮：下雨啦，快到我家来躲躲雨吧！
> 晨晨：好的好的，我今天就住在你家好吗？
> 兮兮：好呀，你来当客人，我给你做饭吧，我给你煮鸡蛋吧。
> 晨晨：我不喜欢吃鸡蛋，我喜欢吃土豆。
> 兮兮：好的，我给你做土豆吧。
> 晨晨：我吃饱了，太阳公公出来了，我们一起出去玩吧。
> 兮兮：好的，那下次还来我家做客呀！

解析：这段帐篷里有趣的对话，体现了幼儿之间自发型对话的价值与意义。兮兮和晨晨的对话是围绕在帐篷里"做客"的情境展开的，两个女孩之间的对话，呈现出生活中"小主人"和"小客人"的角色特点。从她们的对话中，我们可以感受到，她们懂得了做客的基本礼仪。"小主人"为"小客人"准备好吃的，而"小客人"能清楚、勇敢地表达她的喜好。她们在对话中运用语言组织思考，真实地投入当下的情境中。教师也给予了她们对话所需要的时间与空间，让这个话题由幼儿发起，也由幼儿结束。

（三）促动型对话

促动型对话是由一方引出对话，另一方做出带动性的回应，让对方能够深入开展话题的内容，使对话连续、深入、有效地展开。促动型对话建立在保育师与婴幼儿平等、理解、互动的情感基础上。在这样的对话中，保育师与婴幼儿进行言语沟通，相互表达想法，他们平等地拥有对话的控制权利。常见的促动型对话主要通过提问来促进沟通。如教师提问，婴幼儿思考，或婴幼儿提问，教师解答。促动型对话可以提高婴幼儿对话的积极性，以及口语表达能力；同时，也可以帮助保育师更好地了解婴幼儿。

> **案例**
>
> 小朋友们正在观察教室外自然角的植物，冉冉发现她种的红薯长出了"毛"，于是就有了以下对话。
> 冉冉：老师，我的红薯长毛啦！

老师：什么是长毛呢？

冉冉：长毛就是它已经死掉了。

老师：死掉了为什么会长毛呢？

诚诚：坏掉的东西就会长毛、发霉。

乐乐：是的，我们家的橘子放久了也会长毛。

可可：还会腐烂。

冉冉：还会变臭呢。

老师：生活中还有哪些东西容易腐烂和发霉呢？你们回家观察一下家里的物品，找找看，然后我们一起再来分享吧。

解析：从案例中我们可以看到，教师围绕幼儿提出的"长毛"这个问题不断地提升幼儿的认知水平，这是教师增强幼儿的问题意识的一种体现。通过幼儿自发的问题，教师了解到，幼儿对植物"长毛"的兴趣浓厚且探索欲望强烈。因此，教师支持幼儿的想法，并以此为话题和幼儿共同探讨"长毛"的缘由，这样的提问，引发了更多幼儿的思考与回应。在教师提问的引导和激发下，幼儿思维能力得到了提升，能够围绕教师的提问思考更多的答案，同时为教师实施后面的课程埋下了伏笔。

 运用提示

不论哪种对话类型，都应注重人与人之间情感的联结。在保育工作中，保育师应注重与幼儿之间产生有效的师幼互动，从而促进对话的有效性。

二、对话环境的营造

环境的营造与对话的质量有很大的联系。在开放、温馨、有序的环境中，对话往往会更好地进行。对话环境一般分为空间环境的营造和对话氛围的营造，即心理环境的营造。

（一）空间环境的营造

试想一下，你如果进入一个杂乱、吵闹的环境，还有想与他人对话的欲望吗？在混乱的环境中与他人交流、对话只会让人感到焦虑和烦恼。因此，我们要创设一个让婴幼儿感觉安全、积极的环境，从而有效地促进对话的生成。在创设对话环境时主要从以下几个方面考虑。

1. 设施设备

提供给婴幼儿的硬件设施应该符合他们的年龄特点，让他们感到舒服。家具、教具应选用柔和的色调以及统一的风格，为幼儿营造安静的环境。还可以利用一些小隔板根据活动的需要将区域之间进行灵活的划分，让幼儿能在不同的区域进行操作和交谈。

学习笔记

2. 空间设置

空间的设置要合理，有一定的科学规划，应根据不同人群进行相应的设置。对话不同，空间的布局也有差异。保育师会根据班级幼儿的人数因地制宜地规划活动空间。如设置适合全班幼儿交谈的空间，这样的对话空间要求能够容纳所有幼儿和老师，并且能够围坐成一个圆圈。还可以设置小组对话的空间，这种设置对自发型对话和促动型对话是必不可少的，这样的空间有利于更加动态、自然地交流。或者将桌子排在一起，在自然角放一张小桌子和一些小椅子便于他们对话。当然还可以预留一些能进行一对一对话的空间。这样的空间相对而言更加私密，也更加特别，比如一顶帐篷、一个纸箱小屋、一张小的绘画桌等。还可以为空间布局留白，提供一些可移动的材料和设施，让幼儿根据对话需要自主布局。

3. 材料要求

材料的投放为对话的开展提供了保障。保育师在娃娃家摆放一些玩具厨具，如勺子、锅等材料，在这样的区域环境中幼儿就有可能参与有关做饭、照顾宝宝的角色对话。这些对话也会随着材料的不同而发生变化。在对话环境的布置上，保育师应考虑材料的整洁、有序摆放。材料的摆放要适合幼儿随时取放，避免将材料堆积在一个区域，减少每个盒子里材料的数量，增加一些绿植，让对话环境更加清新、舒适。

（二）对话氛围的营造

对话是一种言谈活动，有利于加强情感联系。因此，营造良好的对话氛围是促进对话顺利完成的必要条件。

1. 尊重与平等

在对话的过程中，对话者不再掌控话语权，而是充分尊重与理解对方。保育师通过扮演对话者、参与者与引导者的角色与婴幼儿共同投入话题中。在这样的角色下，保育师需要充分尊重婴幼儿的想法和行为，善于倾听他们的声音，从而以一种平等互助的关系给予婴幼儿真实的表达机会。

2. 轻松与愉悦

什么样的氛围能让人自如、大胆地参与对话呢？研究发现，在宽松、愉悦的氛围中人们更愿意表达自己的观点和看法，也更愿意和他人交流。相反，对话氛围紧张、严肃会让他人感到压力，也不愿意与人交流，更不敢表达自己真实的想法了。因此，在保教工作中，保育师应为婴幼儿营造轻松、愉悦的对话氛围，这样有助于师幼对话的有效开展。

3. 专注与共情

共情也称为同理心。在师幼的对话中，保育师要能够设身处地地理解婴幼儿的处境、感受和想法，站在他们的立场看待问题，更好地体会他们的情绪状态和内心需求。在对话中，保育师良好的专注的倾听与回应状态也能让婴幼儿产生积极的情感反应。这种在情感上的共鸣有利于建立良好的人际关系，增强师友之间的信任，从而促进对话的顺利进行。

三、展开对话的要领

（一）明确目的，选择话题

有价值的对话不是漫无目的地交流，而是有目的、有计划地进行的语言活动。保育师在开展对话前，首先应该明确这次对话的目的是什么，如果是纠正幼儿的不良行为，那么在对话前就要思考一些可以让幼儿接受的语言策略。话题的选择可以从幼儿的兴趣、生活、问题入手，并采用启发性、探究性的方式开启对话。

对话的要领

师幼对话的技巧

> **案例** ▶▶▶▶
>
> 近期，总是有小朋友向保育师林老师告状，说乐乐掐了他们的手臂。林老师了解到情况后与乐乐展开了以下对话。
>
> 林老师：乐乐过来，老师帮你看看最近手指头有没有不舒服的地方呢？
>
> 乐乐：没有，前天妈妈才给我剪的指甲。
>
> 林老师：嗯，老师看了一下，手指甲剪得整整齐齐，这样的小手和小朋友们玩起游戏来是很快乐的，可是有几个小朋友告诉我，你的小手让他们不快乐了，是吗？
>
> 乐乐：嘿嘿，我爸爸也是这样掐我的，所以我也要这么掐他们。
>
> 林老师：那爸爸掐你，你的感受如何呢？
>
> 乐乐：有时候很痛，有时候很好玩。
>
> 林老师：你都知道会疼，那么其他小朋友也会疼的，下次我们不用掐的方式，用其他方式和小伙伴一起玩好吗？

解析：案例中林老师与乐乐的对话带有一定目的性，当她得知乐乐喜欢动手掐人后，就开始思考如何与乐乐对话。最后，她选择以检查手指头的方式吸引乐乐的注意力，引起乐乐的重视。在整个对话中，林老师紧紧围绕"掐人"这个不好的行为，运用提问等方式了解乐乐行为背后的原因，并运用设身处地地想想他人的感受等方式来帮助乐乐认识到"掐人"这个行为是不对的。

（二）有效提问，紧扣话题

有效提问是对话中不可或缺的工具，它紧扣话题，有助于深入理解和探讨问题。在提问时，应明确目的，紧扣主题，避免偏离话题或产生误解。提问方式分为封闭式和开放式两种。封闭式提问适用于需要明确答案的情况，有助于快速获取信息；开放式提问则更适用于希望引发讨论、获取多样观点的情况，有助于激发思考和创造力。在保育师工作场景中，有效提问能够促进沟通和理解，提高工作效率和学习效果。因此，在与他人对话时，保育师应根据实际情况选择合适的提问方式，并注重问题的针对性和引导性，以达到更好的沟通效果、助力问题解决。

案例 ▶▶▶▶

封闭式提问：

保育师：今天的午餐好不好吃呀？

幼儿：好吃。

保育师：是的，今天的午餐都很美味，你们不要再挑食了好吗？

幼儿：好的。

开放式提问：

保育师：你们觉得今天的饭菜味道如何呢？

幼儿1：很香。

幼儿2：很美味。

保育师：怎么个美味法儿？你们来给大家形容一下吃在嘴里的感觉吧！

幼儿1：土豆软软的。

幼儿2：吃起来甜甜的。

解析： 你认为两个案例中哪个对话更有效呢？显然，第二个对话中保育师的提问更有针对性。保育师的问题紧扣幼儿对食物味道的感受，通过多次追问来拓展幼儿对食物的感受。由此可见，在对话中，保育师紧扣话题对幼儿进行提问是非常关键的。保育师可通过指向性的提问，支持幼儿在已有经验的基础上拓展新的能力，用语言鼓励幼儿从多角度解决现实问题。

（三）把握时机，引导话题

把握不好对话的时机，会影响对话的效果。当幼儿专注地探究或思考时，保育师只需要在旁边观察他们的行为，适时为他们提供支持与帮助，切勿盲目地参与他们的话题，这样会打乱他们的思考。当幼儿遇到困难、寻求帮助时，保育师应及时介入，根据情况进行引导。因此，保育师在与婴幼儿对话时应把握好时机，不可过多地介入他们的对话，也不可否定他们的对话，并在关键时刻，以提问、示范、清楚的指令等引导他们的对话。这对保育师的自身素质以及洞悉事件的能力有很大的挑战。

> **案例** ▶▶▶▶
>
> 天天：我喜欢在车上听英文歌曲，它是这样唱的"……"
> 泽泽："……"
> 然后一群孩子也随着他们在教室里高声唱了起来，保育师见状立马加入他们的对话。
> 保育师：你们都很喜欢唱英文歌吗？
> 幼儿：是的，我们觉得很好玩、很搞笑。
> 保育师：老师认为英文歌曲也很有趣呢，我们一起来学习《铃儿响叮当》好吗？

解析：幼儿喜欢模仿，当一个小朋友用独特的语言表演他听过的"英文"歌曲时，其他小朋友也跟着模仿起来。但是这样的模仿只是出于跟风和好玩，他们并没有觉得这样的语言不是英语。保育师没有打消他们的积极性，而是抓住这个教育契机，在幼儿们最感兴趣的时候，为他们提供了规范的语言学习支持。

四、不同对象的对话要领

（一）与婴幼儿之间的对话要领

在保育师的工作中，师幼对话贯穿每一个生活活动和每一次教学活动。不同婴幼儿的表达能力和表达方式有所不同，保育师应该充分把握婴幼儿的特征，在与婴幼儿对话时认真倾听，以平等对话的原则开启师幼对话；在对话过程中应多关注婴幼儿的表现，为表达有困难的婴幼儿提供支持，可进行补充和提示，促使婴幼儿更好地表达自己的感想。

（二）与领导之间的对话要领

在工作中，保育师也会经常与领导进行对话。在与领导进行对话时，保育师一定要掌握好分寸和时机，以自然舒适的方式说出自己的想法。当领导抛出一个我们感兴趣的话题时，一定要认真倾听，并及时做出回应。在工作中遇到问题想要和领导进行交流时，应学会慢慢地说，说重点，让领导明白你想要表达的内容是什么，需要得到领导哪方面的支持。在向领导汇报自己的成长时，少说自身的优势，多说领导给予的支持，以及对未来工作的规划。

（三）与同事之间的对话要领

第一，保持尊重与礼貌，无论对方职位如何，都应平等对待，使用文明语言，避免冲突。第二，沟通要清晰明确，表达时目的明确，语言简练，确保信息准确传达，同时积极倾听同事意见，展现同理心。第三，选择合适时机和场合交流，避免打扰同事工作，利用非语言沟通增强表达效果。第四，遇到问题要共同解决，不推诿责任，相互支持，分享经验，促进团队进步。第五，维护良好工作氛围，不谈与工作无关的话题，保持专业形象，同时定期反思自己沟通中的不足，向优秀同事学习，鼓励开放对话，营造包容沟通氛围。

（四）与家长之间的对话要领

保育师在与家长对话时，应保持言语得体，以推心置腹的方式与家长进行交流；要倾听家长的需求，客观地描述事件的经过；要了解家长真实的感受和需求，征询对方的观点，并结合观点做出试探性的表述。在与家长对话的过程中，保育师如果能不断给予正向的反馈，会为整个对话提供安全保障；同时，家长感受到保育师的善意与爱，有利于促进家园的有效沟通。

运用提示

找一个话题，试着和同学模拟一下不同对象之间的对话，听听同学对你对话技巧的评价。

实训活动

云测试

活动一

一、活动内容

抽丝剥茧

二、活动目标

1. 熟悉三种对话的语言特征。
2. 能根据案例描述判断对话的类型。

三、活动要求

1. 认真阅读活动材料中的对话。
2. 结合已学内容，判断活动材料中的对话属于哪一种对话类型。

四、活动材料

1. 保育师：我们一起来看看这是什么动物。

   幼儿：这是小鸡。

   保育师：对了，它是什么颜色的？

   幼儿：它是黄色的。

   保育师：对了，这是鸡小时候的样子，所以是黄色的。

2. 保育师：我发现天天最近在幼儿园很喜欢玩打怪兽的游戏，他在家经常看这一类型的电视吗？

   家长：是的，最近我很忙，都是爷爷奶奶在管他。

   保育师：长期看打斗的动画，会使小朋友产生错觉，容易模仿里面的动作，你还是要帮助小朋友筛选一下动画片哟。

   家长：好的老师，我今天回去再跟爷爷奶奶讲讲。

学习笔记

3.幼儿甲：快看，这个水龙头没有关紧。

幼儿乙：对，水从水龙头里慢慢地往下滴。

幼儿丙：是的，我也看见了。

幼儿甲：让我们把水龙头关紧吧。

幼儿乙：好。

幼儿丙：好。

五、活动建议
1.可以与同伴以角色扮演的形式模仿活动材料中的对话。
2.尝试解读对话背后的意思，感受不同人物的对话语言及姿态。

活动二

一、活动内容
别出心裁

二、活动目标
1.知道环境的布局与对话质量之间的关系。
2.能用语言或图画的形式设计一个适合对话的环境氛围。
3.感受自己设计对话环境带来的愉悦体验。

三、活动要求
1.图纸上要包括环境所需的材料和空间的布局。
2.将师幼交谈的情境融入图画中。
3.认真阅读材料，并勾画关键词。
4.请分析乐乐产生分离焦虑的原因。
5.请思考应该在什么样的环境下与乐乐展开对话。
6.请为乐乐摆脱分离焦虑推荐一些妙招。

四、活动材料
乐乐三岁，是一名刚入园的小朋友，新学期开学他出现了一些分离焦虑的表现。妈妈每天送他上学时，他都表现出严重的抗拒和哭闹，在幼儿园也总是一个人玩，不愿意参加活动，也不愿意吃幼儿园的饭菜。有一次，张老师带着小朋友们在操场上玩运动器械，保育师李老师发现乐乐不见了。她四处寻找，结果在幼儿园门口看到了乐乐，只见乐乐嘴里不停地念叨"回家，找妈妈"。经过和乐乐妈妈的交流，李老师得知，乐乐的父母离异，乐乐从小跟着妈妈，外婆带乐乐时他都是一个人在家玩，从来不与小朋友玩耍。

学习笔记

如果你是保育师,你会在什么样的环境下与乐乐进行沟通?你会采取哪些方法来帮助乐乐缓解入园焦虑从而适应幼儿园生活?

五、活动建议

1. 可结合年龄特点以及家庭背景分析乐乐产生分离焦虑的原因。

2. 可查阅有关分离焦虑的资料,借助科学的方法分析乐乐产生分离焦虑的原因。

3. 尝试在教室设置一个"安全"的环境,并与同学进行角色模拟。

活动三

一、活动内容

情境模拟1

二、活动目标

1. 熟悉对话的要领,能根据要求初步梳理对话思路。

2. 能通过模拟对话优化设计思路。

三、活动要求

1. 请按活动材料设想一次对话内容,并拟一个对话的思路(时间、地点、交流要点等)。

2. 尝试根据设计的内容,分角色演练。

四、活动材料

1. 妍妍偷偷将青菜扔到了地上。如果你是保育师,你该如何与她展开对话呢?

2. 当发现丁丁在园喜欢咬手指甲时,你该如何与家长展开对话呢?

活动四

一、活动内容

情境模拟2

二、活动目标

1. 能围绕重要的信息设计家园对话的内容。

2. 能用合适的语言解决活动材料中的问题。

三、活动要求

1. 认真阅读材料，勾画关键词。

2. 思考并分享应对策略。

3. 尝试与同学进行角色扮演，模拟保育师与妞妞妈妈的对话。

四、活动材料

妞妞在操场游戏时，由于奔跑的速度过快，不小心摔了一跤，保育师张老师将妞妞摔跤的情况通过打电话的方式告诉了家长。妞妞妈妈听闻后，着急地说："怎么又摔跤了？前段时间才在幼儿园摔跤了，这次又摔跤了，是怎么回事呢？"面对这种局面，你认为用什么样的方式能开始与这位家长对话呢？试着将你的所思所想记录下来吧。

五、活动建议

以此为契机开展一次班会活动，并请同学们把自己想到的妙招和同伴演练出来，听听哪一组的对话最科学、合理。

学习笔记

巩固练习

1. 可可是个3岁的小女孩，害怕滑滑梯，但是又非常想去滑，如果你是保育师，你会以什么样的对话方式引导她去滑滑梯呢？

2. 家长和你交流关于小朋友不想上幼儿园的事情，你该用什么样的语言与他展开对话呢？

3. 在进餐的过程中，保育师李老师观察到才转入中班的明明有时候会将不喜欢的食物悄悄地扔到地上。如果你是李老师，你该如何与明明展开对话呢？

拓展提升

老子与孔子的经典对话：

舌头与牙齿谁最坚硬

相传老子问孔子："你说牙齿与舌头，哪个坚硬？"

孔子答："当然是牙齿！"

老子张开嘴："看看我的牙。"

孔子看到老子嘴里的牙齿全掉光了。

然后老子又道："你再看看我的舌头。"

孔子看到老子的舌头完整而灵活。

最后老子说："柔弱胜刚强。"

在老子和孔子的对话中，老子用自己的牙齿和舌头做比喻，深入浅出地说明了"柔弱生存"的道理，这样的比喻让孔子恍然大悟，世界上许多硬物体都被软物体所战胜。生活中与人发生冲突跟人硬碰硬，有可能会把事情变得更糟糕，我们应该学会以柔取胜。软中有硬，外软内硬，或许才能体现自身真正的强大，水滴石穿、绳锯木断就是这个道理。

学习评价

本项目学习完成，请根据下表要求完成评价，可采用自评与他评的方式评价。

项目考核评价表（100分） 评价人_____

维度及分值	等级标准					得分
	一等	二等	三等	四等	五等	
学习态度（30分）	每天能坚持本课程相关学习30分钟以上。（25~30分）	每天能坚持本课程相关学习20分钟以上。（15~24分）	每天能坚持本课程相关学习10分钟以上。（10~14分）	每天参与本课程相关学习不到10分钟。（5~9分）	每天参与本课程相关学习不到5分钟。（0~4分）	
能力运用（50分）	能按要求圆满、高效地完成课堂、课后练习全部内容，并指导他人完成。（40~50分）	能按要求独立、圆满地完成课堂、课后练习全部内容。（30~39分）	能按要求完成课堂、课后练习全部内容。（20~29分）	能基本按要求完成课堂、课后练习全部内容。（10~19分）	几乎不能按要求完成课堂、课后练习全部内容。（0~9分）	
知识掌握（20分）	能正确、完整地描述所学的全部知识，能提出与之相关的问题进行探究。（17~20分）	能正确、完整地描述所学的全部知识。（13~16分）	能在他人指导下正确、完整地描述所学的全部知识。（9~12分）	能在他人指导下基本正确、完整地描述所学的全部知识。（5~8分）	几乎不能描述所学的知识。（0~4分）	

反思感悟 ▶▶▶▶

亲爱的同学：通过本项目的学习，相信你已经有了不少收获，请根据下列提示做个记录吧。

1. 我学到的知识有：

2. 我学会的本领是：

3. 我还希望学习的是：

【参考文献】

1. 王素珍. 幼儿教师口语训练教程. 3 版. 上海：复旦大学出版社，2020.
2. 周兢，余珍有. 幼儿园语言教育. 北京：人民教育出版社，2004.
3. 方富熹，方格，林佩芬. 幼儿认知发展与教育. 北京：北京师范大学出版社，2003.
4. 王燕燕. 基于 OBE 理念的幼儿教师口语课程"案例情境模拟"教学探索与实践. 现代职业教育，2021（52）.
5. 孙向华. 教师职业口语的特征. 焦作教育学院学报，1999（1）.
6. 周思缔. 漫谈幼儿教师职业口语的艺术魅力. 教育科学论坛，2007（9）.
7. 张利玲. 试论教师职业口语教学的基本原则. 教书育人（高教论坛），2017（12）.
8. 国家语委普通话与文字应用培训测试中心. 普通话水平测试实施纲要（2021 年版）. 北京：语文出版社，2022.
9. 吴弘毅. 实用播音教程 第 1 册 普通话语音和播音发声. 北京：北京广播学院出版社，2002.
10. 仲梓源. 播音主持艺术入门训练手册. 北京：中国传媒大学出版社，2009.
11. 李昕，赵俐. 实用口语表达与播音主持. 2 版. 北京：中国传媒大学出版社，2016.
12. 王璐，吴洁茹. 语音发声. 4 版. 北京：中国传媒大学出版社，2019.
13. 崔元，孙明红. 幼儿教师口语. 北京：人民教育出版社，2011.
14. 贾音. 幼儿教师口语. 2 版. 长春：东北师范大学出版社，2019.
15. 马宏. 幼儿教师口语. 北京：北京师范大学出版社，2011.
16. 周晓波. 普通话与说话训练. 2 版. 重庆：重庆大学出版社，2009.
17. 中国就业培训技术指导中心. 保育员（基础知识）. 北京：中国劳动社会保障出版社，2021.
18. 艾斌. 教师表达能力初探. 长春：吉林人民出版社，2012.
19. 叶雅珍. 例谈幼儿语言教学活动中组织自由讨论的策略. 早期教育，2023（1）.
20. 邱韶霞. 浅谈幼儿园开放式讨论活动的开展. 教育导刊（下半月），2013（4）.
21. 张祥云，陈民. 有效讨论的类型、过程及操作要素. 江苏高教，1991（6）.
22. 郭辰. 幼儿园集体讨论环节师幼话语分析——以科学探究活动为例. 成都：四川师范大学，2022.
23. 波曼. 老师，你在听吗？——幼儿教育活动中的师幼对话. 汪寒鹭，李艳菊，陈妍译. 北京：中国轻工业出版社，2010.

24. 杨颖.如何说，孩子才会听；怎样听，孩子才会说.汕头：汕头大学出版社，2020.

25. 施岚.从理念到行为实现高水平的师幼对话.东方娃娃（保育与教育），2021（4）.

26. 李百艳.对话：教师核心素养的本质、传统与未来.中小学管理，2017（6）.

27. 梁春妙.对话理论视域下的幼儿教师专业化发展研究.成都：四川师范大学，2012.

28. 姜勇.论幼儿教师的对话精神.教育导刊（下半月），2012（8）.

29. 余媛媛.如何创设与幼儿"对话"的心理环境.课程教材教学研究（幼教研究），2011（1）.

30. 林小佩.师幼对话中关于幼儿教师角色定位的思考.沈阳教育学院学报，2010（1）.

31. 岳红.探讨幼儿园对话教学活动中师幼对话的问题与对策.国家通用语言文字教学与研究，2022（6）.

32. 徐玉芬.以促动型对话提高师幼对话有效性的实践研究.职业教育（中旬刊），2017（23）.

33. 李元授，谈晓明，李鹏.知名主持人妙语评点.武汉：华中科技大学出版社，2005.

34. 周劼.能说会道——语言表达能力训练.重庆：重庆大学出版社，2021.

35. 彭聃龄.普通心理学.修订版.北京：北京师范大学出版社，2004.